CRÓNICAS
DE LA *VERDADERA*
CONQUISTA

JORGE PEDRO URIBE LLAMAS

CRÓNICAS
DE LA *VERDADERA*
CONQUISTA

DE TENOCHTITLAN A LA CDMX

CRÍTICA

© 2022, Jorge Pedro Uribe

Derechos reservados

© 2022, Ediciones Culturales Paidós, S.A. de C.V.
Bajo el sello editorial CRÍTICA M.R.
Avenida Presidente Masarik núm. 111,
Piso 2, Polanco V Sección, Miguel Hidalgo
C.P. 11560, Ciudad de México
www.planetadelibros.com.mx
www.paidos.com.mx

Diseño de portada: Planeta Arte & Diseño / Eduardo Ramón Trejo
Fotografía del autor: © Dorian Ulises López Macías @mexicanomx
Diseño de interiores: Eduardo Romero Vargas
Fotografías de interiores: Jorge Pedro Uribe

Primera edición impresa en México: diciembre de 2022
ISBN: 978-607-569-397-2

Impreso en los talleres de Impregráfica Digital, S.A. de C.V.
Av. Coyoacán 100-D, Valle Norte, Benito Juárez
Ciudad De Mexico, C.P. 03103
Impreso y hecho en México – Printed and made in Mexico

Para todos los que no me leen,
como Aleixandre, pero con énfasis en el me.

Hoy tú eres mi ciudad.

JOSÉ GUTIÉRREZ,
«El amor y las ciudades»

Y aprendí lo que nunca había sabido, pues no
venía en los libros: una ciudad podía amar a una
persona; la idea me gustaba.

ELÍAS CANETTI,
La lengua absuelta

Tú lo llamarás literatura,
pero yo lo llamo mentalismo.

ASTRUD,
«Mentalismo»

El papel del creador de puzzles *es difícil de definir.*
GEORGES PEREC,
La vida instrucciones de uso

Índice

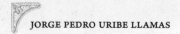

Nota preliminar

Sería yo el hombre más indolente y me haría acreedor a las execraciones del universo si privara a mis compañeros y amigos de este precioso librito en cuya composición me he alambicado los sesos apurando mis no vulgares talentos, vasta erudición y estilo sublime y sentencioso.

Con esta *captatio benevolentiae* comenzaba su relato don Catrín de la Fachenda, famoso caballero de 1819. ¡Quién como su autor, con tal grado de humor! Pero hoy la escritura se ha vuelto un oficio ceñudo, ojalá no sañudo, en este México de herida abierta y de nada sirve echarse la sal con pretensiones salerosas. Mejor mantenerse serio, agente denunciante en el caso de la crónica. Así lo exige el mercado.

Con todo, al de la voz le gusta abrevar de pretéritas modas: relato histórico libertino, descripciones líricas, entrevistas sin grabadora y uno que otro costumbrismo que en hogaño puede parecer rancioso. Antiguo que es uno.

Como la crónica misma, género saltarín y *traicional* de toda la vida. Animal monotrema en cuya corteza prefrontal aún habitan Altamirano, López Velarde, Benítez, Poniatowska y otros viajeros sentimentales que ya pocas mesas de redacción se tomarían muy en serio. Quizá sea el caso también de Corpus Barga, Joseph Roth y Cabrera Infante, cronistas sin chaleco sahariano y de cuya elegancia se disfruta aprender un montón, aunque su siglo fuera distinto.

Asimismo ronda mi cabeza una confesión de Lucia Berlin, otra con las raíces al aire: *I exaggerate a lot and I get fiction and reality mixed up, but I don't actually ever lie.* ¿Qué tanto de mis recuerdos, patria total sin fronteras, y de los sucesos que me dispongo a relatar a continuación ha llegado a existir realmente? La veracidad es una pretensión fatua. Si alguien desea conocer una ciudad al pie de la letra que consulte la Guía Roji, le recomienda su marido a una joven Silvia Lemus en una entrevista en la tele. Lo mismo hoy con tanto Wi-Fi a la mano.

Se escribe con mayor honestidad desde la imaginación, venero del lenguaje y el mundo entero. Así se dedique uno a relatar hechos. De todas formas se miente y se distorsiona y toda historia es susceptible de sospecha.

¿Es este un libro mexicano? Puede que sí, si no fuera porque el tema de fondo son las fronteras entre comunidades, ciudades y nacionalidades. ¿Dónde y cuándo da inicio un país?, ¿qué define la identidad de un pueblo o del otro?, ¿quiénes son *ellos* y qué relación guardan con *nosotros*? Hablando de fronteras, también tenemos la fantasmagórica línea entre pasado y presente.

Asuntos, en fin, vigentes para el radar de la crónica, cajón de sastre, papel de necios. Más ahora, con tanto izamiento de banderas, cuanto más altas y específicas mejor, acaso como reacción a la economía global y la uniformidad de pensamiento. Tal vez sea momento de voltear hacia los puentes e interesarse por la otredad genuinamente como un acto de resistencia.

Lo que aquí presento fue escrito previo o durante la pandemia de COVID-19, entre 2017 y 2021. Si bien, versiones primigenias de algunos párrafos aparecieron publicados en ciertos medios de comunicación en su día (principalmente pequeños o independientes, dos que tres en inglés), todo aquí está tan meticulosamente reelaborado y actualizado, esto es, reescrito, al grado de resultar en una sola crónica inédita.

Sería yo el hombre más indolente si no.

Prólogo

A los 23 años, Jorge Pedro Uribe Llamas logró hacer realidad su sueño de juventud: mudarse a vivir a la Ciudad de México, la ciudad que lo vio nacer, pero de la que fue arrancado cuando sus padres se mudaron, primero a Fortín de las Flores, en Veracruz, y luego a Aguascalientes, en el centro del país. Mudarse a la ciudad era una opción extraña para un chico de clase media. En Aguascalientes, la gente de su círculo social emigraba a Estados Unidos o Europa en busca de estudios o trabajos profesionales de prestigio; Jorge Pedro no. Vivía obsesionado con la capital y su actividad cultural. Pasaba horas en el Sanborns de Aguascalientes, una especie de embajada chilanga, tomando café y mirando las revistas de jóvenes como *Viceversa* y *Complot*, que llevaban un registro de su actividad en la ciudad, y fantaseaba cómo sería pasar una noche en El Colmillo, un pequeño bar en la colonia Juárez donde se podía escuchar lo mejor de la música electrónica del mundo; o codiciaba estar en el lugar donde podría sintonizar la estación de radio Radioactivo, con sus locutores inteligentes y divertidos que hacían la crónica de la cultura joven y pujante de las clases medias.

Jorge Pedro migró a la ciudad en 2003 y se instaló en la casa de una tía en la colonia Del Carmen, en Coyoacán, pero la gigantesca urbe lo sorprendió por partida doble: no era la que esperaba ni tampoco la que recordaba. Se encontró con un territorio ardiente, violento, contradictorio y en pleno proceso de globalización.

Después de vivir un tiempo con su tía, Jorge entendió que debía mudarse, y el destino sería la colonia Condesa, el centro donde se estaba gestando la ciudad contemporánea. Coyoacán es un pueblo incorporado a la ciudad donde convive una comunidad antigua con sus fiestas patronales, un barrio universitario y un asentamiento aristocrático con casas de origen colonial en la que vivían algunos de los intelectuales más ilustres, desde Salvador Novo hasta Octavio Paz. Por su parte, la Condesa era el centro de operaciones de los jóvenes de clase media, conectados por el internet, que estaban haciendo ajustes locales a una cultura global, con sus cafés y restaurantes de moda, sus estaciones de radio y sus revistas del momento. Estos jóvenes vivían en medio de la ciudad jardín, cuyos parques, España y México, ofrecían un respiro en una metrópolis gris, asfaltada y dominada por los automóviles.

Un día, ese joven escribió una carta a la redacción de una de esas revistas nacientes, llamada *dF*, señalando algunos errores de edición. Fue a entregarla a las oficinas de la calle de Amatlán. Su editor, es decir yo (que seguiré resguardado por la tercera persona), leyó la carta y se interesó por ese crítico y su lectura atenta, y lo invitó a colaborar. Jorge Pedro primero reseñó lugares de consumo, que eran el foco de la atención de la revista, y luego se encargó de la edición de una guía anual de la Ciudad de México, con una revisión bajo distintos aspectos: humor, historia o navegabilidad a pesar del caos. Así hasta el final de la primera década del nuevo siglo, cuando Jorge Pedro se mudó al Centro Histórico de la Ciudad de México, y la revista, primero, y la guía, después, desaparecieron.

Cuando Jorge Pedro llegó al centro, esa parte de la ciudad estaba también en medio de un cambio. Desde 2001, esas 400 manzanas, que por 350 años habían sido toda la ciudad, y a partir de los ochenta habían entrado en un franco proceso de decadencia, recibieron el interés del gobierno y la iniciativa privada que las dotaron de leyes, burocracia y dinero para recuperar del abandono edificios con valor histórico, con la intención de atraer a personas para que vivieran allí otra vez y darle un empujón al comercio y al turismo. El resultado de aquella intervención es el centro que tenemos hoy: vivo, contradictorio, populoso, desigual, contemporáneo y antiguo. Muy antiguo. Al cambiarse al centro, el joven cronista del consumo moderno se va interesando por el patrimonio histórico y queda suspendido entre los distintos tiempos, tiempos inacabados, que conviven en una telaraña con los hilos suspendidos en el pasado indígena, la Conquista, la Colonia, la Independencia, la Revolución, el siglo XX y la fragmentación del XXI.

Ese testigo de la ciudad fue capturado por la lógica del cronista; no la del relator de los acontecimientos urgentes de su tiempo, la guerra contra el narcotráfico, la violencia, las desapariciones forzadas, y más recientemente, las guerras culturales del feminismo; sino por el carácter del cronista de tradición hispánica, desde fray Bernardino de Sahagún hasta López Velarde, Salvador Novo, o en un plano más contemporáneo, Guillermo Tovar de Teresa, por mencionar algunos de los más ilustres.

A esa tradición también pertenecen los cientos de cronistas esparcidos por toda la ciudad, que guardan la memoria y registran los acontecimientos de alcaldías, pueblos, barrios, y que además saben dónde encontrar el material de archivo. Con estas nuevas ropas, Jorge Pedro publicó dos libros de crónicas en editoriales pequeñas. Este es su tercero, el primero en una casa mayor.

A este retrato del autor faltaría añadir el momento en que se escribió este libro. El 13 de agosto de 2021 se conmemoraban los 500 años de la fundación de la Ciudad de México. La fecha marca la derrota de los mexicas frente a los invasores españoles, o la victoria de Cortés frente a la resistencia indígena, como se quiera ver. En medio de esta conmemoración, la ciudad estaba, por un lado, lidiando con los efectos del temblor de 2017, por un lado, y, por el otro, confinada por la pandemia mundial de COVID-19, además de que ya habían comenzado a llegar los nómadas digitales a una ciudad tan cosmopolita o más que las ciudades estadounidenses de origen, pero con un costo de vida muy accesible, al menos de la mitad.

Habría muchas maneras de hacer la crónica de ese tiempo. La respuesta de Jorge Pedro es este libro hecho a base de fragmentos. Se trata de una revisión libre de las crónicas de la Conquista; Bernal, López de Gómara, Cervantes de Salazar, pero también José Luis Martínez o Fernando Benítez, un tapiz hecho del recuerdo de lecturas y libros que están en el estante del escritor: es también una paseo por el oficio de cronista, una meditación sobre la identidad y una crónica de viajes a otras ciudades del país, y a otros países y tierras nuevas, donde el conquistador es el propio cronista que asedia las nuevas tierras con su mirada chilanga. La idea de la fragmentación y el retazo nutre el lenguaje mismo del libro, que a veces parece muy arcaico, muy formal, pero también es profundamente local y se emociona con los neologismo como si fueran mercancías chinas que se exhiben en la plaza pública a la sombra de los edificios del siglo XVI o al lado de las excavaciones que han desenterrado la ciudad indígena en el Templo Mayor. Se trata, como el autor lo anuncia en su introducción, de un *mixtape*.

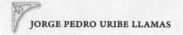

Yo diría, un *mixtape* de la Conquista, la única manera en la que tal vez podamos visitar de nuevo el relato de nuestra fundación; no una narración totalizadora, sino un cuento fragmentado, donde pasado y presente se confunden, las fronteras ya no valen, y todos somos de alguna manera esos nómadas digitales, de aquí, de allá, de antes y de ahora, de ninguna parte, en todo momento.

Guillermo Osorno, Ciudad de México.

Introducción

A lo largo de esta crónica *mixtape* me dispongo a emprender un viaje de Tenochtitlan a la Ciudad de México contemporánea, pasando por varios pueblos y ciudades de esta nación del águila y el nopal, aunque también más allá, generalmente con la intención de meditar acerca de la Conquista, proceso histórico súper violento y aparentemente incauterizable. Tema en extremo sensible aún a estas alturas. No escasean los que hablan en primera persona cuando se refieren a él: «Nos conquistaron».

Conviene mantener la mente abierta, desarrugada la frente, si de verdad deseamos revisar con ecuanimidad el desbaratamiento o metamorfosis de la Triple Alianza y su bonche de tributarios. Sin filias ni fobias en la medida de lo posible.

No le compete a uno juzgar un pasado así de remoto, si acaso intentar explicarlo. ¿De qué sirve enojarse con tumbas o, peor aún, pretender blanquearlas?

Mestizos como somos, y existen varios tipos de mestizaje, no solo el genético, ¿qué significa para este país tan diverso el encuentro o encontronazo de lo español con lo mesoamericano toda vez que ya ambos conceptos son bastante difíciles de definir *a posteriori*? Dicho proceso tiene sus antecedentes directos un decenio antes de la rendición de Tenochtitlan (el día de San Hipólito de 1521 del calendario juliano, el cual deja de regir en la península ibérica y territorios de ultramar seis décadas después). Ya en 1511 andaban por estas tierras que hoy llamamos mexicanas los náufragos Jerónimo de Aguilar y Gonzalo Guerrero, a quienes habré de referirme más adelante como parte de una breve recapitulación histórica.

Lo que ya nos mete en un primer problema. ¿En cuál historia basarse?, ¿la que impone la Revolución y aún impera? ¿La conservadora de por ejemplo Lucas Alamán, en la que prácticamente se considera a Cortés como un padre de la nación? No pasemos por alto que durante muchos años, aun los de la insurgencia, en la Ciudad de México se estiló celebrar el sometimiento de los mexicas cada 13 de agosto por medio del famoso Paseo del Pendón, con especial bombo y platillo en 1621. Tampoco olvidemos esta frase de José Vasconcelos: «México no será gran nación mientras no tenga de fiesta patria el aniversario de la quema de las naves en Veracruz».[1] Los tiempos cambian, las historias también.

El que esto escribe, para dejarlo claro, se ha dedicado a consultar principalmente a los cronistas españoles del siglo xvi, pero también a estudiosos variopintos como William Prescott y Juan Miralles. Igualmente a los *vencidos*, los lejanos y cercanos: esquirlas de verdad.

Mi nombre es Genaro Lafonte. Soy originario del Istmo de Tehuantepec, de un lugar que se llama Lagunas, donde está la fábrica de Cruz Azul. En la actualidad ya no es un pueblo tan arraigado a sus tradiciones, pero aún conserva dos. La primera, en honor a la reina de México y emperatriz de América, la Virgen de Guadalupe. Mi familia es muy devota. En su juventud mi abuelo le pidió un favor que le fue concedido, así que todos estamos en deuda con ella. Antes la fiesta era más grande y todas las mujeres asistían con sus trajes de terciopelo bordados a mano. De sus cuellos colgaban monedas de oro, centenarios, onzas, maximilianas. Ahora ya no va tanta gente y ya utilizan cualquier traje, por supuesto sin oro, por la gran inseguridad. Mi tía Silvia sí, pero son puras piezas sutiles. De plano prefiere no usar nada que traer fantasías. Son pocas las familias nativas que quieren seguir celebrando a la Guadalupana, entre ellas la nuestra. Mis abuelos fueron varias veces mayordomos, igual que mis tías. No cualquiera toma el cargo, por el gasto que implica.

La otra fiesta es en abril, la vela azul, pero esa la organiza la Cruz Azul y es más actual.

---

[1] Eduardo Huchín Sosa y Karla Sánchez, «Los ecos de la conquista y la colonia reaparecen en los momentos de crisis interna mexicana», *Letras Libres*, México. 1 de julio de 2021, en <https://letraslibres.com/revista/los-ecos-de-la-conquista-y-la-colonia-reaparecen-en-los-momentos-de-crisis-interna-mexicana-entrevista-a-tomas-perez-vejo/>.

Yo soy oaxaqueño puro y duro. Mis raíces están en Juchitán. Yo amo Juchitán. Desde que era un crío me llevaban mis abuelos a hacer la compra, yo me volvía loco, me encantaba acompañarlos. Ahí aprendí a mercar al lado de mi abuela y con la protección de mi abuelo. Pasaba mucho tiempo con ellos, nos levantábamos temprano, siempre a la misma hora. Comíamos fruta, avena con bolillo y nos poníamos a trabajar. En la casa teníamos de todo. Sacábamos los huevos de la granja y los dejaba limpiecitos. También se calzaba el horno por si necesitábamos usarlo.

Cuando pueda voy a comprarme una casa en Juchitán, tendré dos hijas y quiero que crezcan en un entorno zapoteca. Admiro mucho esa cultura porque sus mujeres me parecen maravillosas: la manera en que te hipnotizan y son felices y le encuentran soluciones a todo, desde técnicas de cocina hasta magníficos diseños para sus trajes. Admiro lo resistentes y trabajadoras que son. Desde pequeñas les enseñan que tienen que trabajar para comprarse su oro y sus trajes.

Admiro mucho a las mujeres que me inventaron y mostraron el mundo: mis bisabuelas, que eran extraordinarias, mi abuela Guadalupe, mi madre y sus seis hermanas, todas igual de virtuosas como sus antepasadas. Mis hermanos son unos chingones, pero no tienen ese sexto sentido que tengo yo, no son brujas. Mi mamá dice que yo soy un cabrón porque me mantuve cerca de mis tías.

Juchitán y todo el istmo es una zona de gente combativa, un pueblo que no se deja, y prueba de esto es el uso de su vestimenta, que sí ha disminuido, pero aún se mantiene y lucha por sobrevivir.

Hay muchos lugares que lo han perdido todo y ya nadie lucha por recuperar nada, no se diga en otros estados, donde de plano ya se quedaron desnudos, desprotegidos.

COMO EL LECTOR SABE, la Independencia fue un proceso extenso que *grosso modo* comenzó con el Grito de Dolores para ir desembocando años más tarde en el Plan de Iguala, los Tratados de Córdoba y la entrada de los galantes trigarantes a la plaza grande de México, entre otros sucesos que acabamos de celebrar en 2021, Año de la Independencia y de la Grandeza de México, según declaratoria de los diputados.

Sin embargo no fue aquella una celebración empeñosa. El horno no estaba para bollos, con tanta violencia por todo el territorio, casi se diría una guerra. Tampoco podía soslayarse la crisis del virus cornúpeta que puso el mundo de cabeza a partir de la primavera de 2020. En ese contexto se cumplieron cinco siglos de la caída de México Tenochtitlan, episodio definitorio para la conformación de nuestra identidad nacional y hasta de la Edad Moderna en Occidente.

A decir del historiador Enrique Semo, la exploración y conquista de la Nueva España suponen el paso inicial en la creación del primer imperio colonial en la historia, a la par que surgía en Europa el sistema económico y social que aún hoy padecemos o gozamos, según sea el caso.

Pasarían décadas antes del descubrimiento de las Minas de Potosí, las bonanzas del puerto de Cartagena, la fundación de Manila, el intenso aprovechamiento del Camino Real de Tierra Adentro y el tráfico de esclavos desde África, entre otros factores que aceleraron los ritmos de acumulación de capital, la prosperidad de la burguesía y no pocas aspiraciones imperialistas. Pero primero lo primero: conquistar la doble ciudad de los mexicas, principal centro urbano de la América septentrional. Ahí arrancaba todo.

¿Fue dicha colonización un episodio definitorio para la conformación de nuestra identidad nacional, como recién acabo de escribir? ¿Tanto así como la Independencia?

Depende de a qué nos refiramos con *identidad*.

De Colón a Cortés

Tenemos oído y leído que Cristóbal Colón llegó a las Antillas en 1492, primero a una isla plana con papagayos blancos y almadías bajo un sol de injusticia, el 12 de octubre, pelazo al viento y camisita de encaje, la cara pecosa y larga según la imagina Homero Aridjis, creyendo encontrarse en la Cipango de Marco Polo o sus proximidades. *Gloria in excelsis Deo, salve Regina, domine Deus*, tal vez la bendición judía *Shehejeianu* porque se supone que Colón era converso, y lágrimas y tiro de lombardas. «Tomo posesión de esta isla», etcétera. S. A. S.[2] También sabemos que en 1511 se estableció una primera población de españoles en la isla Juana, luego nombrada Cuba. Y que ese mismo año naufragaron en la Península de Yucatán los referidos Gonzalo Guerrero y Jerónimo de Aguilar, en zona cocome, como parte de la desdichada expedición de Diego de Nicuesa, la cual se dirigía del Darién a La Española y cuya marinería, a la postre y con cara de postre, terminara cruelmente sacrificada.

Pero nuestros protagonistas consiguieron huir, cada andaluz por su lado, quedándose a vivir entre los mayas. El primero formando una familia de tres hijos con una bella mujer en Chetumal. El otro, clérigo en ciernes, pasándola requetemal en la provincia de los tazes, cerca de Aké, sin lograr integrarse. O capaz que sí, amancebándose con una noble, según

---

[2] S. A. S. era parte de la firma de Cristóbal Colón, como se documenta en una orden que dio el 22 de febrero de 1498 en el Mayorazgo de Sevilla: «[...] al que herede el Mayorazgo y estando en posesión de ello firme de mi firma, la cual ahora costumbro es una X con una S encima y con una M con una A romana encima y encima de ella una S y después una Y con una S encima con sus rayas y vírgulas como ahora yo hago» (Consuelo Varela, *Cristóbal Colón. Textos y documentos completos*, Madrid, Alianza, 1982). (N. del E.).

la crónica de Chac Xulub Chen. Lo que es un hecho es que sí aprende la lengua oriunda y más adelante habrá de servir de traductor a los fieros conquistadores.

Aguilar y Guerrero representan, pues, dos posturas opuestas. Por un lado la separación, la diferencia, y por el otro la asimilación y el mestizaje. Ambas igual de importantes a la hora de estudiar la presencia de españoles bajomedievales en esta parte del orbe. Bajomedievales allá, protorrenacentistas acá una vez aclimatados.

También se ha hablado de un tercer sobreviviente, un hombre gracioso que quedaría como tonto en razón de una herida y cada noche se acercaba a las casas de los mayas para pedir comida. Lo consigna Francisco Cervantes de Salazar y creo que es la única fuente disponible al respecto.

Hernán Cortés en Cozumel

Igualmente en 1511, durante la conquista de Cuba, aparece en escena un bullicioso, altivo, travieso y amigo de armas Hernán Cortés de Monroy y Pizarro Altamirano, hidalgo pobretón de veintiséis años, nacido y criado en Medellín y en consecuencia con un marcado acento meridional, como tantos otros conquistadores extremeños y andaluces. Tal vez por eso los latinoamericanos hablemos español sin distinguir entre la ese, la ce y la zeta, o puede que eso se lo debamos más a las lenguas oriundas.

El caso es que bien pronto nuestro metelinense de un metro y cincuenta y ocho (cinco centímetros menos que el promedio de entonces) sufre un altercado con el gobernador Diego Velázquez de Cuéllar y resulta preso. Pero luego escapa y se casa con la cuñada de su captor, quien al final se vuelve, qué remedio, pariente político y amigo suyo y aun promotor de su nombramiento como alcalde de Santiago. Vida de picaresca, como quien dice.

Durante el otoño de 1518 Cortés se pone a reclutar a unos seiscientos hombres para embarcarse hacia las costas continentales que ya Juan de Grijalva y Francisco Hernández de Córdoba habían explorado ese año y el anterior respectivamente. Misión tan dificultosa como agenciarse hoy el mismo número de seguidores en Instagram. O acaso no, pues a aquellos aventureros los empujaba un resoluto espíritu de cruzada, intrínseco del clima cultural de la época. Continuar sondeando las Indias Occidentales: de eso pedían su limosna. Era una apuesta jugosa y algunos hasta llegaron a fungir como inversionistas, proveyendo sus propios caballos, navíos y soldados. Todo en nombre de la cristiandad, por supuesto, y del pundonor real.

Para entonces Hernán ya contaba con casi ocho años en Cuba, más otros siete en La Española,[3] por lo que no era precisamente un recién llegado. En Cuba introduce el ganado para la labranza y se dedica a explotar minas de oro antes que nadie. Conoce al dedillo las ambiciones de sus paisanos y el cotilleo en la América Insular. Estamos, pues, ante un hombre enriquecido que sabe ganarse amigos sin buscar agradecidos y capaz de financiar casi que por sí mismo una expedición de la cual es nombrado «adelantado e gobernador de las islas e tierra nuevamente por su industria descubiertas». Una expedición más abiertamente de conquista que las dos anteriores.

Siempre y cuando las conquistas no sucedieran en Cozumel, por pensarse en conceder esta isla al Almirante de Flandes, preceptor de Carlos I de España. La idea era poblar la región con flamencos, según revela un estudio publicado en 2001 por István Szászdi León-Borja. ¿De estos detalles tendría conocimiento Cortés? Yo pienso que sí, de otra forma no habría esperado tanto para fundar su primer Ayuntamiento. ¿Por qué hasta los hostiles médanos de Chalchihuecan y no de una vez en Cozumel? Pero no nos adelantemos.

«Cuidad mucho de doctrinarlos en la verdadera fe, pues esta es la causa principal porque sus Altezas permiten estos descubrimientos»,[4] lo había instruido Velázquez de su puño y letra, quien por cierto no andaría muy contento que digamos, pues de último momento le ordena regresar, arrepentido, cuando las naves ya estaban por zarpar desde Santiago hacia Macaca para comprar bastimento a título de préstamo y seguir hacia la villa de la Trinidad.

Enterado de lo anterior, el extremeño extremista se apresura a hacerse a la vela con la flota a medio preparar:

—¿Así os separáis de mí? ¡Vive Dios que tenéis un modo raro de despediros!

—Perdonadme. El tiempo urge y hay cosas que es preciso hacerlas aun antes de pensarlas.

---

[3] José Enrique Ortiz Lanz, *Las verdaderas historias del descubrimiento de la Nueva España. Las expediciones de Hernández de Córdoba y Grijalva, 1517-1518*. México, Cámara de Diputados, LXIII Legislatura, 2018, p. 262.

[4] Hoy en día, La Española es la isla donde se ubican Haití y República Dominicana (N. del E.).

FOTO 1. *Iglesia de San Miguel, en Cozumel (marzo de 2019).*

Último intercambio de palabras. Cortés en su canoa con ironía indulgente y el gobernador Velázquez a la orilla del muelle, inclinado en actitud mendigante, pero con el mentón muy en alto.

Semanas más tarde se difunde un mandato. Que dice mi mamá que siempre no, que se cancela el viaje y de hecho toca aprehender al capitán general. Pero equis, amigos, nosotros sigamos la cruz, que teniendo fe en ella venceremos y todo lo que pase con nosotros será prez, gloria y riqueza y yo mismo os haré ricos, etcétera, pero no creáis que pretendo la ganancia más que el honor, nada de eso.

Desafiante mitin cubano, muy convincente todo. La tropa aclamando vivaz, sudorosa. El tiempo volando, más vale pedir perdón que pedir permiso, YOLO, ¡a Yucatán!

Así pues, en algún momento entre el 11 y el 18 de febrero de 1519, tras pasar por la isla de Pinos y San Cristóbal de La Habana, se celebra una misa en la punta de San Antón y al final se levantan anclas de forma definitiva.

La escuadrilla compuesta por al menos diez naos, cuatro de importancia y los demás bergantines, arriba a Cozumel escasos días después, todo apunta a que a la Playa de San Juan. Con 560 tripulantes, según calcula el cronista Andrés de Tapia incluyéndose a él mismo.

Me invitan a Cozumel a participar en un encuentro de estudiosos de la Conquista. ¿Honorarios? Si acaso viáticos y date de santos. No importa, hace tiempo que deseo conocer la isla adonde llegó Hernán Cortés quinientos inviernos atrás, él con dos días de retraso por un temporal que derrotó las naves y su WhatsApp sin funcionar. También me interesa aprender y tratar a posibles interlocutores.

A semejanza de aquellos españoles, nadie me recibe al tocar tierra. Así, me veo obligado a abordar una van que tarda un buen en llenarse. No le hace, *yo soy de transporte público porque es historia y es magia*. El hotel sobre el malecón parece lo suficientemente conveniente.

Desde el *lobby* con alberca le escribo a mi anfitrión, quien me ordena alcanzarlo en un restaurante a diez minutos en coche. Qué feúcha la ciudad desde el taxi: una ceiba en el estacionamiento de un Oxxo, casas pintadas con los colores más baratos de Comex, tristísima parsimonia, ningún peatón que charle o sonría. Pienso en Sergio Pitol sin sus lentes en Venecia. Ya que el conductor no tiene cambio y está fuera de la discusión cederle mi billete de doscientos pesos, no tiene otro remedio que regalarme el viaje poniendo cara de abejorro ciego. No sé si disculparme o dar las gracias.

Ya todos han empezado a comer. Las mesas juntas en anticlimática armonía. ¿Quién será esta gente? No creo ser el único en preguntárselo. Me refugio en la conversación de un general retirado, cortés conocedor de la biografía cortesiana, de nombre Clever por el militar napoleónico Kléber, y la gentileza de un cronista vallisoletano que sonríe como si su familia acabara de morir en un accidente. Termino entrevistando, mi forma nerviosa de interactuar, a una señora risueña que viene acompañando a su hija, muy maquilladas y peinadas las dos, *gente bien* de Guadalajara. Soy el joven del grupo.

Acto seguido camionetas como refrigeradores que nos conducen a la Universidad de Quintana Roo. Una vez en el aula alguien piensa que es una buena idea prender el aire acondicionado a todo lo que da y yo solo puedo contener la tos seca: al final doy la impresión de querer vomitar. Con todo, las exposiciones sobre los cinco siglos del arribo de los conquistadores a Cozumel me entretienen e inspiran. Tomo notas y hasta pregunto preguntas que me ayudan, más las preguntas que las respuestas, a pulir mi conferencia del día siguiente.

Por la noche no deseo más que dormir a pierna suelta. Pero la fiebre no cede. En Google Maps descubro una sinagoga a pocas cuadras de distancia. Es viernes y recién oscurece, nada pierdo con caminar y asomarme un rato. Se trata de una sede de Jabad en la planta alta de un centro comercial en el Parque Juárez, en el flanco perpendicular del Centro Comercial Joaquín (increíble, ya medio siglo a cuestas).

Soy el viejo del grupo. Las mesas juntas de nuevo; la mayoría de los concurrentes, extranjeros de paso. Me recibe un muchachillo que observa mi rostro con el suyo entero. Habla una pizca de inglés y cero español. Pretende enseñarme a realizar el lavado ritual de manos, yo le explico que no hace falta. Un mesero sirve salmón en mi plato. Mi anfitrión me explica los principios básicos de la comunidad, las enseñanzas del *rebe* de Lubavitch, etcétera. Por lo visto entiendo más hebreo del que pensaba. Luego de un par de *whiskies,* mi interlocutor propone que ofrezca un mensaje a los correligionarios que colman el salón. No sé por qué siento la necesidad de aclarar que soy converso, un *guer*, y de un templo conservador o *masortí.* Tamaño descalabro:

—Ah, entonces no eres judío.

Claro que sí. De tribunal rabínico, *mikvá* y toda la cosa. Hace casi una década. No obstante, para él solo es válida la conversión ortodoxa. Si una cualidad ha permitido la longevidad del pueblo judío es su capacidad de adaptarse, intento expresar. Pero él perora que al contrario, que mantenerse inflexible ha sido la clave. Los que alcanzan a oír sacuden su cabeza desaprobatoriamente, tal vez imaginando un inminente epispasmo. Me ven fijamente, como los gatos, sin pestañear. Doy por terminada la noche. Salgo a la calle lo más educadamente posible. ¿Conque no soy apto para unirme a sus rezos al día siguiente? Hace apenas unos minutos me invitaban súper faustos. Siento que les he robado una cena. Sin embargo no he mentido. Ni *goy* ni prosélito, antes un Pablo al revés.

Camino por el malecón con estupefacción. Todo parece hechizo. Solo consigo dar con un par de casas originales habitadas por cozumeleños de toda la vida. En una me abren la puerta y hasta me permiten retratar los retratos de sus lindos abuelos y bisabuelos, almas que ya no pudieron imaginar el horror en que se iba a convertir su apacible ciudad de pescadores: parque temático donde los mayas ya solo trabajan al servicio de los cruceros y buceadores fuereños. Es lo que toca. Invasiones bárbaras, conquistadores de hoy.

La iglesia tiene pinta de reconstruida. A los locales les encanta decir que en ella se celebró la primera misa en tierra mexicana. Como parte del nada mexicano viaje de Juan de Grijalva. En realidad Colón ya había

FOTO 2. *El mar de Cozumel a 500 años de la llegada de Hernán Cortés.*

asistido a una en Honduras en agosto de 1502 y ¿no fue Honduras parte del Imperio de Iturbide? ¿Qué tal si habláramos, mejor, de la primera misa de lo que llegaría a ser el México de después del Tratado de Guadalupe Hidalgo? O de plano evitar categorías como *el más antiguo, el único, lo mejor.* Nada es tan sencillo como para enunciarse así.

Meto los pies en un mar santurrón y escaso. Un hombre en cuclillas bebe cerveza a mi lado. Trocamos frases que saben a tibio. Taimado, reacciona como si lo quisiera asaltar. ¿Se me nota lo apóstata? Me quedo tan solo, con la carita empapada, resoplando tan cursi. En mi sueño de más tarde veo letreros en inglés y el logotipo de Rolex, y oigo el estruendo de los antros vacíos. También sueño con cierta asociación de cronistas capitalina donde no admiten judíos, una vergüenza.

Toca madrugar. Arena en los ojos por dormir mal y poco. Al fin llega el momento de mi charla. En el programa veo que solo me han concedido treinta minutos. En cambio, el receso se extiende al doble de tiempo. Mensaje captado. No ostento ningún cargo gubernamental ni título académico que deslumbre a nadie. Soy el único que no viene representando a ninguna institución. Sé muy bien que la independencia produce sospecha. Al momento de tomar el micrófono me advierten con adustez que al final dispongo de un tercio de hora. ¿Qué puedo hacer sino leer mis hojas a gran velocidad y con la voz encogida? Con toses de entreacto, creo que mis palabras no disgustan, son las que menos incurren en lugares comunes del tipo «la Malinche traidora», «Gonzalo Guerrero, padre del mestizaje», «*nuestros* indígenas».

Pocas preguntas. Más canas que ganas. Las cabezas inclinadas como pájaros, ¿me estarán haciendo un favor? Alguno cruzando y descruzando las piernas.

En el aeropuerto, Clever me dispara un tequila. Al parecer me ha tomado cierta estima. O compasión. Ya se me nota mucho la gripa. Es un hombre cordial. Un recuerdo feliz para la memoria de este, como la cena en El Palomar y la sabrosa pestañita en el planetario. Ya no estoy seguro de si también tuve oportunidad de saludar perfunctoriamente al cronista Velio Vivas, autor de una sustanciosa monografía publicada en 2008. Puede que lo haya soñado. Él muere poco después, en pleno solsticio estival del año de la peste.

Regreso a México con la vanidad abatida. Compungido en el vuelo me pongo a beber y sudar. Espero un día volver a Cozumel, esta vez sin tanto afán de dominio.

Lo de la verdadera fe sonaba bonito. También la orden de «cuando saltéis en tierra [...] tomaréis la posesión de ella [...] Las demás cosas las dejo a vuestra prudencia»,[5] que había firmado Velázquez de Cuéllar, gobernador de Cuba.

Pero ante todo era menester rescatar a los mentados náufragos. Por fortuna dan con ellos. Un milagro que ni Hernández de Córdoba ni Grijalva habían tenido el privilegio de experimentar.

Como era de esperarse, Aguilar cae redondito, uniéndose al contingente cortesiano como intérprete, reemplazando a Melchorejo y Julianillo, lenguas previas que habían sido raptadas al sur de Cabo Catoche durante la travesía de 1517. Casi desnudo y en mal español, el clérigo Aguilar saluda al capitán al estilo de los locales, tocando la tierra con una mano y llevándosela después a la cabeza. Tanto tiempo había pasado entre los mayas.

Por su parte, Gonzalo Guerrero, labrada la cara y horadadas las orejas, aun decide luchar contra el iracundo Pedro de Alvarado, hombre de confianza de Cortés y segundo de a bordo. Iracundo acaso por una envidia carpetovetónica no superada hacia su jefe. ¿Acaso no ostentaba él

---

[5] Ortiz Lanz, *Las verdaderas historias.*

un mayor rango social? Como que la expedición tenía que haberle tocado a él, ¿no? Cuchicheos como hormigas en las tabernas cubanas. Sus amigos azuzándolo bajo el achicharrante sol caribeño:

—Y vos no sois oliváceo de rostro, Perico.

—¡Ni chaparro, leñe!

—Tampoco sifilítico como acá mis ojos.

La armada prosigue su navegación, siempre pegadita a tierra, sin demostrar demasiado interés por la cultura local y, a diferencia de los viajes precedentes, sin detenerse en Champotón, Puerto de Mala Pelea y orgullo de los campechanos al día de hoy.

CARA DE QUE NO rompe un plato, pero sí que lo hace, estrellando uno de una mesa sin ocupantes, al pasar, contra el suelo de la peatonal 59, lleno para su enfado de bares y restaurantes últimamente. Es comprensible la furia de nuestro amigo MacGregor, temperamento de artista, perfil de Justo Sierra.

Pregonero en su tierra. Locuaz sabedor de quiénes vivieron en los caserones de la Campeche céntrica («yo fui niño intramuros»). Tibia es la noche, a pesar de los decibelios. A una señora le suelta sin más:

—Usted tiene derecho a disfrutar del fresco sin que la atosigue este escándalo.

Es de las que sacan su mecedora de bejuco al ponerse el sol de garrapata y seguro que el fin de semana se pone a jugar en su banqueta con las vecinas a la lotería campechana.

Al día siguiente salgo de paseo con Mac por el barrio de Santa Ana, pueblo en un principio para naboríes, o eso se cuenta. Tacos de lechón tostado al final de la Avenida República, la del puentecito decimonónico, las casas quintas, el recinto dedicado a Clausell. Calle que conecta, Alameda de por medio, con la Puerta de Tierra y el Salón Rincón Colonial, última parada de un inolvidable recorrido cantinero, ese día más tarde, al socaire de La Burbuja, El Palacito Chino y el Bar Alameda, mentideros que hacen añorar una vida de puerto que por desgracia no llegué a conocer. De esto se da cuenta Román (su nombre no es por el barrio del Cristo Negro, aclara), que levantándose de su mesa explica espontáneo:

—En Campeche los barcos aprovechan la marea alta para adentrarse en la bahía y ya luego esperan a que baje para cantearse, permitiendo el desembarco. Solo después vuelven a flotar.

FOTO 3. *El Rincón Colonial, la cantina más célebre de la ciudad de Campeche.*

Este fenómeno de aguas tranquilas no ocurre en Progreso, agrega orgulloso. De ahí tanto pirata y corsario en la ensenada campechana, donde fondean mejor las naves de bajo calado, como aquellas de los españoles de 1517 y 1518, quienes a fuerzas tuvieron que recibir instrucciones de los lugareños. Francisco López de Gómara relata lo siguiente sobre el paso de la cuadrilla cortesiana por la cercana Champotón: «Pronto se quedaron en seco, aunque estaban casi una legua dentro del mar: tanto es el menguante y creciente que hace allí [...]; nadie sabe la causa de ello, aunque dan muchas, pero ninguna satisface».[6]

También departimos con el circunspecto poeta Pino y el constructor Sosa Escalante, eximios apellidos los tres. Vaya gente estupenda, menudo espejo de golondrinas. O rabihorcados. La Sevilla de Esquivel Pren. Calmada ciudad heroica en la península enhiesta sin lagos ni montañas, de marañón y caimitos. Cuna de Gutiérrez de Estrada y de mi abuela paterna, a quien me gusta imaginar merendando merecidas meriendas, aliterada y feliz, en los Portales de San Francisco. Debió de coincidir

---

[6] Francisco López de Gómara, *La conquista de México*, Madrid, Dastin, 2001, p. 71.

FOTO 4. *Remedios en la Calle 8 de Campeche (diciembre de 2018).*

con el joven Vasconcelos, quien describe a sus paisanos adoptivos como inclinados a la buena vida, despreocupados, bromistas, poetas más que teorizantes. Me consta por MacGregor y su mar de plato, plato en el piso, diversos platillos: jamón claveteado, huevitas de robalo, queso relleno, pámpano relleno de sardinas, pan de cazón y los primeros *cocktails* del mundo.

Campeche, inspiración de Lara Zavala y José Emilio Pacheco, palos de tinte de mi estantería del disfrute, verdadero crisol de México, más que Veracruz con su Ulúa de múcara campechana y estatua del teniente Sainz de Baranda.

Qué ganas de seguir quebrando, y pagando, la loza que sea necesaria y volver a platicar con mi amigo MacGregor. Y es que las primeras impresiones nunca se olvidan:

—¿A qué te dedicas?

—Al amor a Campeche.

A FINALES DE MARZO los españoles alcanzan la ciudad de Potonchán. Primera parada sobre suelo continental luego de un tedioso cabotaje. En la margen izquierda del río Tabasco fundan Santa María de la Victoria, villa decana, sin cabildo, tristemente derruida hacia la segunda mitad del XVII, en el mismo lugar donde hubo de producirse la batalla de Centla, triunfante para los güeros y de paso para el culto a Santiago. Luego de bautizar a tododiós, se planta en la villa una cruz de grandes dimensiones. La única construcción por el momento.

El agalambao Melchorejo, ya sin su amigo Julianillo, hace tiempo finado, aprovecha la confusión en Centla para fugarse, dejando su traje de europeo colgado de un árbol:

—¡Ya, tú, qué horror con los dones esos!

Doña Marina

Aparte de provisiones, algodón y adornos de oro, los chocos derrotados le regalan a Cortés, todo checho él, un ramillete de siervas, entre ellas doña Marina o Malintzin, reina, esclava o mujer y fulcro lingüístico de la Conquista, la otra intérprete que hacía falta para traducir del chontal al náhuatl y viceversa. Aguilar mediante, quien para mayor confusión hablaba otra vertiente del maya. Machincuepas lingüísticas, en fin, que nos ponen a sospechar actualmente, pero que al fin consiguen que los españoles se comuniquen con un mayor número de gente. La lengua como instrumento del poder, como había anticipado el señorón Antonio de Nebrija.

La adolescente de Oluta también dominaba el popoloca, idioma recién extinto en esta generación nuestra de *trending topics* y TikTok.

De su vida después de la Conquista sabemos poco. Es poco probable que llegara a vieja.

La Casa Xochiquetzal

¿Qué sucede en la Ciudad de México con una trabajadora sexual que envejece sin dinero, muchas veces sin el apoyo de su familia y para colmo con problemas de salud? Una casa dieciochesca pintada de color teja en el Centro Histórico, muy próxima al barrio de Tepito, ofrece una respuesta. Mejor dicho dieciséis. En estos tiempos de nuevos feminismos y en el contexto de una ciudad tradicionalmente progresista resulta oportuno acordarnos de la Casa Xochiquetzal, proyecto social secundado hace una década y cacho por Andrés Manuel López Obrador, por aquel entonces jefe de gobierno. Se trata del único asilo destinado a sexoservidoras de la tercera edad en el mundo.

FOTO 5. *La Casa Xochiquetzal, lugar único en el mundo (mayo de 2020).*

Voy por una brecha caminando, de un lado veo árboles, del otro, rocas; a lo lejos hay agua y también perritos, me encantan los perritos, llego ahí y empiezo a jugar con ellos. Seguido tengo este sueño, será porque le tengo mucho amor a los perritos. Hace tiempo yo le daba de comer a una perrita. Una noche se me ocurrió tomarme una cerveza adentro de un auto con un hombre. Entonces que llega la patrulla y me lleva a los separos, pero cuál sería mi sorpresa que, al oír muchos ladridos, resulta que era mi perrita que se había ido detrás de nosotros, y hasta me acuerdo que se le aventaba al policía hasta que de plano me dijo: «Sabes qué, agarra a tu perra y vete». Mi perrita me besaba, me lamía, ay, mi Barbie, mi chiquita, si no fuera por ella seguro que sí me hubieran castigado 12 horas. Dios quiera y me la encuentre en el cielo para poder jugar con ella como antes. Hay un parque, se llama San Fernando, cerca del metro Hidalgo, ahí fue donde la conocí, a veces yo andaba cabizbaja, triste o tomándome mi vino, y esa perrita, así estuviera lloviendo, de mis pies no se quitaba. Ahí mismo está sepultada. Me la mataron a mi perrita. La encontré todavía calientita, con el lazo con que la habían ahorcado. La velé toda la noche, tomando y no tomando, y como a las cuatro de la mañana hice un hoyo en una jardinera, la metí en un costalito, le puse flores y desde entonces ahí está mi Barbie enterrada. De un lado está ella y del otro mi Güero Bicicleta, que era otro perrito que también me quería mucho, ese tenía un ojo azul y el otro blanco. Cuando voy me gusta sentir que los acompaño.

Norma

LA FUNDACIÓN DE LA Casa Xochiquetzal está fuertemente relacionada con Marta Lamas, Elena Poniatowska y Jesusa Rodríguez, activistas de largo aliento que en 2005 atendieron la propuesta de un grupo de trabajadoras sexuales jubiladas que, excluidas de la sociedad, se veían obligadas a dormir en la calle. El jefe de gobierno respondió con la autorización del préstamo de un inmueble que anteriormente había alojado el Museo y Salón de la Fama y aún antes el Cuartel de Inválidos, esto último según pesquisas de mi amigo Alejandro Garrido, quien contempla al arquitecto Lorenzo de la Hidalga como posible encargado de la una remodelación en el siglo XIX.

Un año más tarde la casa empezó a funcionar como albergue para mujeres necesitadas de cobijo, comida y actividad, sobre todo la posibilidad de vivir tranquilas. Así, en 2009 se creó la asociación civil Mujeres, Xochiquetzal en Lucha por su Dignidad, que sigue operando hasta el día de hoy no sin varios empantanamientos.

—Luego vienen periodistas a escribir artículos, sacar fotos, pero rara vez regresan ni se les ocurre quedarse a charlar con «las chicas» — se lamenta su directora, Jesica Vargas.

Y de lo que se pierden… Estas mujeres conocen mejor el Centro que varios cronistas que yo conozco. Son ante todo cariñosas y sabias amistades.

El estigma que enfrentan «las chicas» es triple, toda vez que entrañan tabúes arraigados para un amplio sector de la sociedad mexicana: trabajo sexual, pobreza y ancianidad. Para muchos resulta más cómodo brindar auxilio a otro tipo de población vulnerable.

—Pero también nosotras somos seres humanos —dice Norma con un hilo de voz.

Ya no me acuerdo cuántas veces me han entrevistado, sobre todo para la tele, yo creo que les gusta cómo me expreso. Pero yo no me considero famosa. Todas aquí somos personas comunes y corrientes que hemos sufrido, llorado, reído, más que nada hemos vivido cosas difíciles. Pero la vida es hermosa. Mi momento más feliz ha sido cuando tuve por primera vez en mis brazos a mi hijo. Me sentí completa, dichosa, y a pesar de que el padre sí me sentenció de que o el niño o él, yo dije: «A ti te agarré como semental, mi hijo nace porque nace» y luché con uñas y con dientes. Soy hasta cierto grado feminista, sé que las mujeres tenemos derechos y debemos luchar por no ser gobernadas por un hombre. Una mujer sola puede sacar adelante a sus hijos, de prostituta o lo que sea. Hay demasiadas mujeres en esa situación, solo que no lo cuentan. La mujer es honrada hasta el mediodía, de las doce en adelante ella sabe cómo conseguir el dinero, pero siempre le da de comer a sus hijos.

Dicen que los bienes son para remediar los males. Yo tuve que vender todo lo que tenía para poder curar a mi hija que tenía leucemia, y más hubiera hecho, no me arrepiento de nada. Aprendí a cocinar, lavar, planchar, barrer, trapear, pero también me gustaba estudiar. Estudié la preparatoria en San Ildefonso. Prefiero la compañía de un buen libro que ver la televisión, me gustan los clásicos como Cervantes, Tolstói y Rubén Darío. García Lorca me fascina. Una vez escribí un poema dedicado al sexoservicio: *Yo soy como esa flor que crece en los pantanos, / a la que todos admiran por su belleza y colorido, / pero nadie se atreve a tocarla / por temor a hundirse en el fango que la rodea.*

Marbella

POR SUPUESTO, LA CASA Xochiquetzal está sujeta a ciertas reglas. Las habitantes deben cuidar su salud e higiene, participar en los talleres y, si en la calle fueron enemigas, aquí deben tener una buena convivencia. Tampoco es posible alojar mascotas. Son normas de las instituciones que las ayudan, por ejemplo el Sistema Nacional para el Desarrollo Integral de la Familia, que aporta hasta 25% del dinero para los alimentos.

Accesoriamente, la Secretaría de Salud y el Instituto de las Mujeres de la Ciudad de México supervisan que se satisfagan ciertos requeri-

FOTO 6. *Habitantes de la Casa Xochiquetzal (mayo de 2018).*

mientos y que el inmueble sea utilizado realmente como albergue para trabajadoras sexuales de la tercera edad en situación vulnerable. Lo cual, desde luego, incluye a mujeres trans.

—Cuenta la leyenda que aquí tenemos a una en la Casa hace años, al principio las demás se alteraron un poco, pero con el tiempo han sabido aceptarla y quererla. Aquí la consideramos una mujer como todas las demás y su condición nunca representó ningún problema para su ingreso.

De repente alguien grita «¡a comer!» y así comienza una de las tres procesiones diarias al comedor: algunas en andadera, otras bromeando o cantando, una que otra muy bien arregladita.

Mientras tanto el áspero son de las campanas de San Sebastián, enfrente, convoca a los feligreses. Es la una y media de la tarde. Rocío Alcántara y José Antonio González, trabajadora social y administrador de la Casa respectivamente, echan una mano en todo lo que pueden. Mueven las mesas, colocan manteles, sirven los alimentos. Cada silla trae pegada una etiqueta con el nombre de su ocupante. Hoy le toca cocinar a Norma, de luminosa carcajada, a pesar de sus tribulaciones cardíacas y de glucosa: pollo con cebolla acitronada y arroz, y una deliciosa agua de piña.

La conversación en la sobremesa gira en torno a las patrias chicas de estas mujeres: Comalcalco, Oaxaca, San Pedro de Los Pinos en la Ciudad de México... Todas distintas entre sí, pero todas con narraciones de vida semejantes. Vidas dignas de película, pero que lastimosamente fueron derivando en soledad, cuando no abandono, aparte de violencia, discriminación y en ciertos casos de adicciones. Sobre todo imperiosas necesidades de alimentación, vivienda, asistencia médica, atención psicológica y jurídica. Y ánimos de platicar. En la Casa procuran resolver estos apuros, con todo y los gastos funerarios una vez llegado el momento.

Tengo 35 pares de zapatos, por ejemplo estos me los mandó mi hijo, que trabaja en El Palacio de Hierro... Pero no me gustan tanto, parece que ya nada más me falta una escoba para salir volando, él dice que son muy caros. Me llegan las cosas del cielo, de veras. Cuando pienso en todo lo que padecí... Pero ahora es una bendición tener todo lo que tengo. Son cosas económicas, cómo te diré, o sea que se pueden comprar con dinero. Estoy por terminar mis estudios en Teología, ya solo me faltan ocho meses. Llevo tres años de estudios, desvelos, pasar hambres, andar en los camiones, en el metro y ahí las mujeres son más agresivas que los hombres. Desde niña me acuerdo que tuve inclinaciones hacia la religión. Yo a la Virgen nunca le vi la cara, a la Virgen que adoran en mi pueblo, en Veracruz, porque tiene su mirada para arriba. Yo llegué a México porque mi esposo se dedicaba a la fotografía, él era agente viajero, iba a dejar los rollos y las cámaras a la única farmacia que había en el pueblo, y yo estaba bien chiquita, tenía como siete años, y me acuerdo que hasta corría detrás del carro porque no entraba nunca uno y era para nosotros una novedad. Pasaron los años y el señor seguía yendo.

Cuando me casé él tenía cuarenta y ocho y yo catorce. Era muy guapo, la verdad, español, asturiano. Yo lo veía, con perdón de Dios, como a un dios. Su carro tenía unas llantotas gruesototas, me acuerdo que de ahí se bajó dos botellas de coñac y se emborracharon mi mamá y él, y ella me dijo: «Ya, niña, ya vete con el señor». Yo me sentía en las nubes. Al venir por la carretera todo era novedad: los postes de luz... Lógico, en mi pueblo no había luz. Él se paraba en las tiendas y me compraba papitas y refrescos, todo lo que yo quería. No me hizo su mujer hasta que cumplí 18. Llegamos a vivir a San Ángel, eran puras milpas, y yo pensé: me trajo a otro rancho. Ya luego él le hizo una casa a mi mamá a cambio de haberme casado con él. Mi mamá era muy estricta, una vez me mandó a dejarle un tostón de plata a la Virgen, y como la Virgen no me vio a la cara yo me fui corriendo y me lo fui a gastar, me compré dulces y una Coca de esas de vidrio, grandota, y todavía me sobró y lo escondí debajo de una piedra. Todos los días me iba al campo y traía florecitas primero para la Virgen y después para las más viejitas del pueblo y también en las panaderías las cambiaba por pan, éramos nueve hermanitas y todas teníamos hambre, yo me llenaba en el campo con fruta, y me metía al río y salían los camarones y me los comía. Había un albergue, una casa grande, muy vieja, donde vivían muchas viejitas, tenían todo tirado, yo les lavaba los trastes, les barría y me daban diez centavos, para mí era muchísimo dinero, a veces no se los quería recibir. Yo era una tremenda chamaca, bien juguetona, me subía a los árboles, meaba yo a la gente que pasaba por debajo y ellos pensaban que estaba empezando a llover… Siempre fui tremenda, mi esposo me dejaba salir. Él era muy buen hombre. Yo era mucho de ir a la disco, teníamos una persona que nos ayudaba en el aseo, era gay y le encantaba andarme jalando, era yo una chiquilla atractiva, bonito cuerpo, y a él le encantaba presumirme con sus amigos, sus novios. Íbamos a la Zona Rosa, eran puros gays, pero yo igual me divertía porque era una muñeca, una chamaca de 16… Dios ama a todos por igual, a los gays, a las sexoservidoras, a los rateros. Él no quiere que se muera el pecador, sino que muera el pecado. La sexoservidora no es una pecadora. Yo amo y perdono a todos. Diario hago oración, oro por todo el mundo, prostitutas, gays, presos, gente en los hospitales, sobre todo por el gobierno para que Dios los guíe. También oro por los niños.

Tengo bastantes recuerdos bien hermosos de mi infancia. Una vez mis padres se fueron a vender a un rancho y me dejaron sola en la casa, yo tenía hambre, se hizo de noche y nomás no regresaban, yo era bien vaga, así que me salí por la ventana y ya no pude volver a meterme, me acosté debajo de un palo de aguacate grandísimo, gordo, gordo, y entonces que llega una culebra con una cabezota así de grande, pero cuando eres niño no tienes miedo, y que me enrolla y empieza a darme de comer con su saliva y así me quedé dormida, me acuerdo que yo andaba encueradita, con mi pelo bien largote y bien nalgoncita, y al día siguiente la culebra como de seis o siete metros se fue y todos los pajaritos estaban cantando alrededor del árbol; yo tendría tres o cuatro años.

Juana

La mayoría de los capitalinos sabe poco sobre la religión mexica. Sin embargo muchos tienen nociones de que Xochiquetzal fue la deidad de la belleza, las flores, el amor y las artes. El nombre, que en náhuatl quiere decir 'flor hermosa', se antoja propicio para esta bella iniciativa que varios conocen por el libro *Las amorosas más bravas*, publicado en 2014 y rápidamente agotado.

Dos años después, estas mujeres graban su primer disco para obtener recursos, *Rumba y sabor 100% Xochiquetzal*, en colaboración con músicos, cantantes y el colectivo Zazanilli Cuentos.

Todas participan cotidianamente en terapias recreativas y ocupaciones que ofrecen bondadosos voluntarios, de forma que puedan dedicarse a vender piezas de cartonería, bordados y muñecas en beneficio de la Casa.

Su porvenir no luce alegre como podría parecer. La cesión del inmueble por parte de López Obrador solo fue por diez años y desde el 2015 andan gestionando para que se les otorgue otro préstamo de diez, lo que no ha podido concretarse. A veces Jesica no recibe sueldo porque el dinero no alcanza. Lo mismo sus cuatro compañeros de trabajo. Tampoco han podido pagarle a un velador para que cuide a las habitantes cuando se pone el sol. El principal reto ahora es reunir más donaciones económicas. ¿Cómo lograrlo? La mayoría solo se acerca con bolsas de ropa usada.

Me gusta pasear por ahí. Gorriones cantan frenéticos en la plaza de junto, la Torres Quintero, se diría que rebelándose contra la sempiterna primavera de contingencias ambientales. Una celebración agridulce, inadvertida para los comerciantes, más concentrados en la humareda de su comida y la riada de peluches. El rumbo de *La rumba*. Ahí donde se detiene el agua en la isla. A veces un golpe de silencio conmueve las almas. Uno de esos raros instantes en que nadie sufre en el Centro: ningún perro ahorcado, todo el mundo pagando sus cuentas del hospital sin tener que vender nada y una culebra alimentando, tal vez, a cualquiera que se deje.

La Villa Rica de la Vera Cruz

Así las cosas, los bajeles siguen su curso hasta recalar en la isla de Ulúa el Jueves Santo, después de lo cual ocurren ciertos asuntos de importancia. Entre ellos la incómoda visita de cuatro naves de Francisco de Garay, gobernador de Jamaica, futuro adelantado de Pánuco y ancestro remoto de Guadalupe Loaeza, lo que no deja de solucionarse en un plisplás. Pero también la fundación de la Villa Rica de la Vera Cruz el 22 de abril, la visita de los primeros embajadores de Motecuhzoma Xocoyotzin y el provechoso pacto con los totonacas.

Los jarochos suelen ufanarse de que su puerto es el primer municipio de la América continental, y eso está muy bien para cabulear un rato en la cantina La Nueva Bomba, en el barrio de la Huaca. Sin embargo no está padre ignorar la historia de Santa María la Antigua del Darién, en el istmo de Panamá, con cabildo, escudo y obispado unos cuantos años antes.

FOTO 7. *Puerto de Veracruz (septiembre de 2016).*

Como sea, la promulgación de la Villa Rica en 1519 fue un hábil movimiento político que desembarazaba a Cortés de Velázquez, de quien no dejaba de ser un subalterno insubordinado. Ahora, como por arte de magia, ya no era un capitán general nombrado por el gobernador de Cuba, sino uno escogido por su propia gente, volviéndose gobernador de una provincia nueva. La tierra de Uluacan, dependiente de forma directa de la reina Juana y el futuro césar taumaturgo de la hispanidad. De estar fuera de la ley, Cortés se convertía en la ley misma. No extraña esta artimaña de un hombre razonablemente letrado que había cursado estudios preparatorios en Salamanca.

Cabe decir que el asiento de la Villa Rica solo se verá concretado jurídicamente hasta dentro de un mes con la creación del cabildo y el sucesivo establecimiento, unos días después, de una comunidad de españoles a media legua de Quiahuiztlán, donde no escasea la lluvia. Trescientos cuarenta y cuatro vecinos, al menos, cuyas quinientistas firmas se conservan al día de hoy.

Llegados a este punto, Cortés y los suyos ya llevan rato oyendo historias apetitosas sobre el señorío colhua (de ahí el nombre de Ulúa, cortesía de Grijalva, sinécdoque de Culhuacán para México Tenochtitlan). A decir verdad, los rumores sobre ciudades acaudaladas más allá de la costa no eran cosa nueva. Pero la gota que derramó el vaso de la ambición fueron los regalos que empezaron a recibir tan pronto como el 24 de abril de manos de los primeros emisarios mexicas, Teudilli y Quintalvor: algodones finos, capas de pluma y objetos de oro finamente labrados. Una manera disparatada (para nosotros) de querer convencer a los españoles de no continuar adelante y que se repetirá en Quiahuiztlán. Lo que obtienen, en cambio, es que los invasores deseen prolongar su periplo hasta la mera ciudad de Motecuhzoma, que no era exactamente colhua, pero hoy tampoco los mexiqueños somos mexicas y ya se ve el lío que cunde al respecto.

—Aunque sea difícil, tenemos que pagarle algún día personalmente su visita —dice Cortés ante los regalos.

Los mensajeros aprovechan su estadía en Ulúa para dibujar retratos de los forasteros. Se ve que su monarca no daba paso sin huarache.

Pero Cortés tampoco

Lo que nos conduce al siguiente asunto veracruzano. La coalición con los totonacas en Cempoala, su capital. Allí Cortés se entrevista con el Cacique

Gordo, lloroso jefe de un pueblo enconado con los mexicas. Las noticias de sus discordias intestinas son recibidas con singular placer (y, ay, entre muchachos vestidos de mujer). Esto a través de un enésimo traductor, que supongo entendería tanto el totonaca como el náhuatl. Jitanjafóricas negociaciones que convertirán a los cempoaltecas en los primeros aliados mesoamericanos de Cortés. Ya luego irán uniéndose más, muchos más.

Dice Maquiavelo que cuando un extranjero poderoso invade una comarca, lo ordinario es que se pongan de parte del conquistador los estados menos fuertes. ¿Fue la Conquista, entonces, una especie de guerra civil? Yo no estoy tan seguro.

Dos o tres cuestiones más antes de preparar el viaje. Con todo y la fundación (primero *de facto*, más tarde *de iure*) de la Villa Rica, algunos españoles ya habían comenzado a albergar dudas sobre si en el fondo no estarían traicionando al gobernador Velázquez y consecuentemente a la Corona. Cortés zanja cualquier controversia encallando y desarmando las naves, que no quemándolas, lo cual habría sido un disparate. Al mismo tiempo se encarga de sentenciar a la horca a un par de disidentes, cercenarle los dedos de los pies a otro y castigar con doscientos azotes a uno más, todo por conspirar contra él y pretender tornar hacia Cuba.

Una cosa tiene el mar que enfurece o saca de quicio, qué será.

En adelante el mensaje se muestra palmario. Ya solo queda un camino por seguir, el de *Temixtitan*. Para rematar, llegan noticias de que Carlos I ahora sí, ahora sí, ahora sí, ha concedido el permiso para colonizar todas las tierras que se descubran. En sí mismas, las Bulas Alejandrinas no resultaban suficientes, ante todo se necesitaba el consentimiento del rey.

Hernán Cortés redacta entonces su primera carta de relación, dirigida a los muy altos y muy poderosos, excelentísimos príncipes, muy católicos y muy grandes, reyes y señores, y no a Velázquez, de quien hace tiempo no se expresa muy bien que digamos.

¿He mencionado ya lo de Francisco de Saucedo? Esto mejor preguntárselo a Rodrigo Martínez Baracs o a Carmen Martínez, esta última de la Universidad de Valladolid y quien acuña el concepto *guerra de papel contra Diego Velázquez*.

A mediados de agosto, tras cuatro meses de anteproyectos jarochos, el Capitán Malinche arenga a su hueste, que replica eufórica: «¡A México, a México!».

En la Villa Rica permanece una guarnición de ciento y pico de hombres, por si las moscas cubanas.

Desde Cempoala emprende su marcha, bajo la lluvia, nuestro acalorado colectivo, ya no de exploradores, sino de manifiestos conquistadores, hacia la futura capital novohispana. Entre trecientos y cuatrocientos individuos de allende el mar y un número impreciso de totonacas ancilares (se ha consignado que solo mil servirían para cargar la artillería). Entre aquellos, hidalgos o semihidalgos como Pedro de Alvarado y sus hermanos y Francisco de Montejo y Diego de Ordaz, pero también hombres llanos: carpinteros, albañiles, barberos, soldados de profesión con reciente experiencia en las guerras de Italia. Y tres religiosos, Juan Díaz, Bartolomé de Olmedo y el seminarista Aguilar, quienes solo considerarán a los amerindios como auténticos hombres hasta que la Iglesia lo permita en 1537 por razones políticas (a Alonso de Aguilar no lo incluimos porque aún falta para que se ordene dominico y cambie de nombre a Francisco). Igual andarían en la bola algunos negros y mulatos, por ejemplo el bereber Juan Garrido. Tal vez guanches de Canarias y desde luego antillanos.

¿Algún musulmán encubierto? Seguro, que si una identidad destacaba en aquella España neonata era la de los mudéjares con disfraz de mozárabe y al revés: tierra de muladíes, tornadizos y hasta enaciados. Asimismo, personajes novelescos como el *rockstar* Antón de Alaminos, piloto mayor y bien ponderado descubridor de la corriente del Golfo en 1515, el nigromante Blas Botello y alguno que otro músico alegre, cejijunto, parlanchín. Además de algunos ancianos —como el cordobés Juan de Torres, cojo, aunque este se queda de ermitaño en Cempoala— y máximo una docena de mujeres, de las cuales se habla bien poco actualmente.

Francisco de Aguilar reporta que en el contingente marchaba también un puñado de venecianos, griegos, sicilianos y portugueses, lo que casi ningún estudioso ve viable.

De momento el grupo más abundante, aparte de los cempoaltecas, eran los súbditos de la Corona de Castilla, especialmente de los reinos de Córdoba, Jaén, Sevilla y Granada y la Provincia de Extremadura, hartos todos ellos, en aquel momento, de la cocina caribeña: pan de yuca, habas, arroz, caña de azúcar y muy de vez en cuando un tocino, un pescado y cecina de conejo o venado.

Menos mal que de ahora en adelante ya puro volován de jaiba, café Bola de Oro, mole de Xico y molletes de Sanborns.

De vuelta a la Cedemequis

Los viernes en el Salón España

Se ha reseñado: «Llegas al mediodía y pides unos tragos y te van sirviendo platillos y llegan amigos con sus amigos y se piden más tragos y llegan más amigos y sirven más platillos, unos se van y luego vuelven, y van llegando otros, y se hace de noche y ahí siguen... Y seguro que nuestras sillas vacías las van a ocupar otros amigos que llegarán y pedirán otros tragos y otros platillos. Es como *El ángel exterminador*».[7]

Se refieren Genís y Carlos en su página de Facebook de Hidrogenesse a nuestros viernes en el Salón España, centenaria cantina en la calle de Argentina que en su momento debieron de frecuentar los Diegos Rivera, Vasconcelos, Pitoles y Octavios Paz por su cercanía con la SEP, la entonces Escuela de Jurisprudencia y la prepa de San Ildefonso. El mentado Barrio Universitario con sus bebederos, billares y cines. Sorprende que los miembros del Colegio Nacional no la visiten más a menudo: comparten edificio y casi que podrían abrir una compuerta para apañar las mesas más próximas a la barra. A Vicente Quirarte sí lo hemos visto un par de veces. Más que contar, hace preguntas; eso agrada.

¿Estamos aquí para emborracharnos? Más bien para charlar sobre cualquier tema y desahogarnos de una rara realidad allá fuera, en la que tanta gente aspira a la celebridad y en el camino solo aspira el puro esmog, unos en la pena, otros en la pepena. Conversar, sí, pero también interrogar con el pensamiento a la mujer de pelo ochentero (pobre mi niña, ¿por qué no puede dedicarse a lo que realmente quiere? Con lo buena que es para bailar, siempre lo mismo, apechugar), brindar con el solitario del sombrero, alrededor del cual flota un cierto misterio (yo soy como una planta, más que agua necesito humedad, nomás este trago y me voy para la casa) y tratar de adivinar la vida secreta de nuestro mesero ojeroso, nunca ojerizo (qué culpa tiene uno de vivir hasta Chicoloapan, al rato la espera en la TAPO, el camión de regreso, la cena recalentada y mañana otra vez lo mismo, pero en el fondo me encanta). En las cantinas siempre esos espías sin empleo. No falta la señora con el corte a lo Felipe el Hermoso, según exige la moda de *jeune fille* dedicada a la cultura institucional. A veces

---

[7] Hidrogenesse, publicación de Facebook, s. f., en <https://www.facebook.com/people/Hidrogenesse/100047127850949/>.

uno pone ese gesto ambiguo que con tanta destreza describe Cela en *La colmena*: «De la amorosa, suplicante bestia cansada: la mano sujetando la frente y el mirar lleno de amargura como un mar encalmado».[8] Solo que aquí no es café, puede que incluso lo contrario. Nadie lee, no es este un local de la juventud perdida.

Las voces sobrevuelan como alfombras encantadas, gritonas, son las nuestras:

—Qué bien sobrevive lo viejo en la Ciudad de México, ¡tanta gente trabajando aún con sus manos!

—¿Quién es sabio? Aquel que aprende de todos.

—¿Te has dado cuenta de que los principales barrios del Centro aún están delimitados por las antiguas acequias?

—Los espacios públicos del siglo XX se los debemos en gran medida a los médicos y sus principios de higiene.

—Si está de moda no puede ser revolucionario.

Corre el tequila, de preferencia el arandense, ese ángel exterminador que acompaña los frijoles charros, el espagueti rojo o la ensalada de habas, el chamorro y el pollo enchilado. El consomé lo cobran aparte, no forma parte de la botana, lo mismo que las aceitunas preparadas y la orden de suadero de los taqueros vecinos.

Arriba de la contrabarra campea un enorme *genius loci*, el Zócalo hace un tifón de años. Fotomural, puntualiza Jorge Legorreta en su *Guía del pleno disfrute* de 1994.

Bendito Salón España, enclave magisterial entre paredes verde acuoso. Gema color Vitacilina. Epidermis de tezontle, corazón de acuarela. Inspiración de guitarristas tenaces: a cincuenta pesos la canción, más caro que en La Dominica, adonde nos gusta seguir la fiesta una vez que las aventuras del tahúr, tufo a pipí con hielo, han comenzado a llamarnos. ¡El agave irisado que se nos sube a los pies!

Dichosa cantina, cantarina y taurina, continua confesión de Confucios confundidos, aliterada colmena en el Centro.

—Sin humor no hay amor.

—Ni humildad ni prosperidad.

—Tampoco espacio en la mesa.

---

[8] Camino José Cela, *La colmena*, Madrid, Real Academia Española, 2016, p. 32.

FOTO 8. *Salón España, la cantina preferida del autor.*

LA IMAGEN QUE TENEMOS actualmente del conquistador responde más a un constructo. Gracias a una tesis universitaria de Mario Enrique Fuente Cid sabemos que muy pocos de ellos portarían coraza y morrión, y solo en ocasiones. ¡Con el calorón que hacía! Tampoco aprovecharían demasiado los arcabuces: las escaramuzas duraban poco y no había tiempo de encender la pólvora. Más bien irían vestidos, la mayoría, con un *ichcahuipilli*, prenda compuesta por varias capas de algodón trenzado que adoptarían de los mesoamericanos. Esta resultaba más fresca, ligera y eficaz en comparación con el tradicional coselete de cuero o metal. Tomemos en cuenta que ya varios habían viajado con Grijalva el año anterior, y por lo tanto adoptado medidas más cómodas.

Por otra parte, trabajando documentos de entre 1514 y 1546, Mario no ha encontrado ninguno que demuestre que los españoles usaran alabardas en sus conquistas por estas tierras. Costaban un ojo de la cara y no todo el mundo era capaz de costeárselas. Aunque sí falconetes, ballestas y picas largas endurecidas al fuego, amén de escudos de cuero ovalados llamados adargas (*al-Daraqa* en árabe, y se dice que las mejores se fabricaban en Fez).

Sobre su aspecto, casi podemos garantizar que se afeitaban bien poco.

Casa Conde

Que me disculpe el señor Julio, a quien mucho estimo, pero su barbería New York, sobre República de Cuba, no puede ser la más antigua del Centro como tantas veces se ha asegurado. Esto lo concluyo cuando visito Casa Conde, a unos pasos de San Pablo, abyecta avenida de explotación sexual, y me pongo a charlar largamente con el atildado Rigoberto Conde Grajales, barbero de 85 de años de edad, más de 60 cortando pelos y arreglando barbas.

De lunes a sábado mi amigo habitante de Tepoztlán se levanta a las tres de la mañana para hacer ejercicio; si no, no aguanta estar parado tantas horas; luego se afeita y toma un autobús a Taxqueña para abordar la línea dos del metro. Viene muy arregladito con su ropa como de camisería del Centro. A eso de las ocho ya anda listo para abrir su negocio en Santo Tomás 71. Su hermano menor se encarga de bajar la cortina unas doce horas más tarde para irse a descansar a su departamento de la Portales.

A ambos les encanta hablar de la Merced:

—Sigue siendo el barrio más hermoso que pueda haber —suelta Luis Ángel, diez años menor—. Pero sí ha cambiado mucho en las últimas décadas.

Los Conde no dudan, la suya es la barbería más vieja de nuestra Ciudad de México histórica al haberla fundado su tío abuelo hace mínimo cien años en el Callejón del Muerto, que ya no existe actualmente y desembocaba en la calle de Ramón Corona. En ese tiempo ya no se extraían muelas, eso era antes, en el siglo XIX, pero ya desde entonces se ejercía el noble arte de la conversación, como en todo comercio del giro (incluida la New York, de los años treinta).

Hay que escuchar al cliente, dejarlo que hable. Esto lo saben Rigo y Luis muy bien. Lo aprendieron de su padre, segundo propietario de Casa Conde y a quien aún le tocó trabajar en Santo Tomás 50 antes de pasarse a la actual ubicación, más o menos en 1949.

—Allí pudimos ver la pelea de Juan Zurita y Ike Williams.

Gente de categoría ya viene poca, ahora puros clientes de la zona, antes hasta boxeadores como Ernesto Parra y Ernesto Aguilar, o Luis Argüelles, que vivía en la calle de Carretones. Sin embargo, siguen pelando al futbolista Sergio Negroe, del Atlante. Jacobo Zabludovsky nunca los visitó, pero sí llegaron a conocerlo por vivir en la Merced al igual que ellos.

En una pared, un letrero interesante: «Nunca des tu parecer si no lo piden, aunque pienses que esta opinión tuya es la más acertada». Porque una cosa es intercambiar impresiones o puntos de vista y otra bien distinta es meterse en broncas por ofrecer consejos no solicitados. En Casa Conde nada de eso. Aquí se platica amistosamente, pura merced y camaradería y solo temas fascinantes: el salón de baile al que le decían El Polvorín, por el piso de tierra, donde ahora está el mercado de dulces Ampudia; la vez que su papá atendió al Santo sin darse cuenta sino hasta días más tarde; la amistad con el Mariachi Vargas, que vivían en Misioneros 11...

Me gustaría poder anotarlo todo. Encender la grabadora. Pero la discreción es esencial en esta barbería. Por eso mismo no doy a conocer el nombre de un cliente (solo su barrio natal, el cercano Ixnahualtongo) que se une a platicar con nosotros sobre los desaparecidos salones de baile, como el México («no era raro que las muchachas bailaran descalzas») y el Smyrna («ahí llegué a concursar en danzón y chachachá»).

Yo no doy mi parecer, máxime al encontrarme con una navaja en el gaznate. Ahora toca escuchar a los maestros, dejarlos que hablen:

—Lo mejor de cortar el pelo es la satisfacción de sentir que uno hace bien su trabajo.

—En realidad el rumbo no es tan peligroso, yo me siento más seguro aquí que en la Portales.

—Los cinco hermanos nacimos en el interior doce de Santo Tomás 50, todos en el mismo cuarto. La vecindad ya no existe, era la más bonita de la cuadra.

—Teníamos un vecino que se dedicaba a pulir hélices de aviones, y una abuelita, Pachita, que vendía dulces. Era, haga de cuenta, como vivir en un pueblo.

—Nunca he necesitado una pastilla de esas. Solo una vez la probé por curiosidad, pero ni falta que me hizo y hasta me terminó dando un dolor de cabeza tan grande que de plano pensé: prefiero clausurar esta madre que volver a sufrir así. Con perdón de usted.

Me fijo en los muñequitos colgando del espejo mientras hago como que hojeo una revista *Hola!* Me dejo apapachar con la espuma de afeitar

FOTO 9. *Rigoberto Conde Grajales, recordada estrella del barrio de la Merced (junio de 2018).*

Noxzema, el aceite de sándalo que un descendiente de libaneses le regaló a Rigo, la crema que él mismo prepara y cuya receta no piensa compartir nunca:

—Ni que estuviera yo loco.

Qué rico todo, tanta toalla, gotas para los ojos, rodajas de jitomate sobre los párpados, masaje con maquinita al terminar el servicio, a 180 pesos (más la propina).

Al despedirme Rigo amenaza con una multa si oso meterle mano a mi bigote en la casa, por respeto a su trabajo. Hago caso. A un Conde no se le discute.

Día del Niño de 2020, me entero del fallecimiento de Rigo. De madrugada, antes de poder afeitarse.

Dos meses después visito a su hermano Luis Ángel. La hoja del calendario sin arrancar. Juntos la arrancamos, y como yo soy aficionado a leer aunque sean los papeles rotos de las calles, leo detrás un consejo: «Los adultos mayores deben variar la consistencia de la comida». No sé qué signifique, puede que nada realmente, pero igual me llega al corazón como un ardor en el cutis.

Fernando Benítez, José Luis Martínez y Hernán Cortés

En el verano de 1519 la Conquista empieza a tomar su forma más reconocible. Fernando Benítez escribe un libro ameno y bien documentado, *La ruta de Hernán Cortés*, en el que pormenoriza el emocionante trayecto desde la costa hasta el altiplano bajo las órdenes de un persuasivo y animoso capitán chaparrito. Él a su vez dejándose guiar, con alacridad, por los mandamases totonacas hacia uno de los techos del mundo, a miles de metros de altura, desde donde descienden dramáticos ríos que inician su curso en los deshielos de los volcanes y las lluvias de las montañas (casi siempre las capitales mesoamericanas en las alturas, lejos del ambiente desfavorable de las costas tropicales):

—¿Un taquito de mixiote, capitán Malinche?

—No es menester, muchas gracias.

La obra de Benítez también ofrece información sobre el enfrentamiento y alianza con los tlaxcaltecas —previa venia de Xicohténcatl el (muy) Viejo— y la terrible matanza de Cholula, *altépetl* santo, relativamente autónomo, pero al fin afín a los temibles mexicas. Asimismo, se encarga de reseñar, inspirado, el paisaje de cada parada: Xalapa, Perote, Tepeyahualco, los volcanes… México-Puebla, pero te jala pa' Veracruz, solo que al revés.

Abro mi ejemplar al azar: «Abundan los bosques de árboles gigantes y las plantaciones húmedas del cacao. Las orquídeas se prenden al tronco de los caobos. El campo está aromado de vainilla y flores desconocidas. De tarde en tarde, los maizales irrumpen con sus dorados tonos en aquella sinfonía de verdes gloriosos no registrada en crónica alguna de la Conquista».[9]

Se refiere a la espesa altura intermedia que anuncia la meseta central. Un separador se cae de entre las páginas del libro. Es un *ticket* de 2016 de

---

[9] Fernando Benítez, *La ruta de Hernán Cortés,* Ciudad de México, Fondo de Cultura Económica, 1983, p. 149.

la nevería de Molina y Zamora, en el puerto de Veracruz, 22 pesos por cada vaso y en mi memoria el *páselegüerogüeragüerogüeragüerogüeragüero-güera* que ya es patrimonio inmaterial de mi humanidad.

Otra obra imprescindible sobre el proceso de conquista etapa por etapa es la de José Luis Martínez, *Hernán Cortés*, publicada en 1990. Allí nos enteramos, entre muchos asuntos, de los 16 caballos y yeguas —la Capitana, la Cortesana, la Muerte— que acompañan a los españoles junto con un buen número de perros, principalmente mastines (el más famoso, la Lebrela de Términos, con entrada en Wikipedia y toda la cosa).

Finalmente los invasores comienzan a penetrar en el Anáhuac a través de la región chalca y recibiendo todos los honores en Iztapalapa (*auh zan no ihuian, yocoxca intlan oncalacque in* españoles). Una lástima que se perdieran de las bellezas de la región acolhua, un poco más al norte. Pero ya habrá tiempo para eso.

El Encueradito

La penumbra empieza a tornarse oscuridad a un costado de San Sebastián. Un niño vestido de mujer apura un vaso de pulque bajo el fresno por todos conocido. Lo rodea un grupo de albañiles, sonrisas más que risas y pinole en cada puño siniestro. Un silbido de chirimía ululante, ancestral, un *teponaxtle* de corazón.

En el pueblo de Tepetlaoxtoc, en realidad villa desde 1877, algunas cuadrillas están integradas por puros varones, conque los escasos papeles femeninos deben representarlos ellos, acaso los de apariencia más grácil. Así, consiguen huipil y falda, peluca y maquillaje, y así se dedican a bailar con sus canastas de tlacualera (mujer que sirve de comer a los trabajadores en las haciendas) sin el menor reparo, durante horas, más coreográficos que desenvueltos. Por supuesto no falta el infante que los imita.

La idea es honrar al patrón san Sebastián, el Encueradito, proverbial sanador de pestes y portero de epidemias.

Este sábado toca el turno a los Serranos, de llamativos sombreros puntiagudos y atuendos de manta. Estos bailan y exclaman en la plazuela que es calle «hasta la *kalín*, compadre» y «*kema*, compadre» al ritmo de melodías repetitivas, compuestas y ejecutadas desde hace cuatro generaciones por la familia González, de la vecina comunidad de San Pedro Chiautzingo.

FOTO 10. *Cuadrilla de Serranos en Tepetlaoxtoc (enero de 2018).*

Al mismo tiempo celebran su día los albañiles. No bailan, pero organizan un concurso de albures y otro para levantar una barda a toda velocidad. El pulque no falta, estamos en Tepe, epicentro pulquero del Estado de México. Casi no se puede charlar, no es tanto el desgarriate de la gente, es más el ruidazal de las bocinas. Qué ganas de quedarme a ver el castillo, pero eso será más noche, como a las 11, ahora toca ver a los jinetes ebrios de apostura.

Seguro un antropólogo podrá explicarnos el significado de estas fiestas patronales de enero, los añosos peregrinajes que recuerdan, y sin embargo lo que más interesa de momento es contemplar al pequeño constructor con el arrobamiento de quien se enfrenta a una pintura rupestre.

Al acabar su bebida todos estallamos en aplausos.

Concluida la danza, la cuadrilla de los Serranos se dirige hacia el deportivo municipal, en tropel, recorriendo calles con nombres entrañables como Ocoyócoc, Xolaltenco, Zopilo y Xometitla. Un honor caminar junto a Héctor, antípoda de Ánimas Trujano:

—Hoy me toca darle de comer a mi pueblo.

Huele a boñiga. Pasamos por casas de adobe y piedra, algunas pintadas de blanco. El paisaje no ha cambiado tanto desde la década de los cincuenta, cuando John Bourne rodó el documental *Village of Tepet-*

FOTO 11. *Pulques El Portón en Tepetlaoxtoc (julio de 2021).*

laoxtoc. Acá también se han filmado partes de *El crimen del padre Amaro* (2002) y películas con la India María, Piporro y más. Gente que ha podido gozar del «nada más tranquilo, arreglado, moral y pacífico que Tepetlaoxtoc» de Manuel Payno. Sin el drama del cemento de los pueblos mexicanos, obsesionados por volverse ciudad, pueblos travestidos, transexuales, depende.

Todavía en 1970 las boletas censales arrojaban la cifra de 318 familias: 884 mujeres y 906 hombres. En la actualidad habita más gente. Pero la serenidad no se ha visto empañada en este 2020.

Tepe es un poblado de filiación nahua y un poco mixteca también, de fundación atribuida al chichimeca Nopaltzin, hijo de Xólotl, allá por los 1200, aunque también a un par de personajes de nombre Hueytonatiuh y Hocotochtli. Pero ya desde el Preclásico Superior hay indicios de una aldea en la zona.

Los dominicos arriban tan temprano como en 1527 y María Magdalena se vuelve su primera casa de evangelización americana en un pueblo de indios. A partir de 1547 gobierna aquí el mismísimo Juan Diego (Juan Diego Cortés Ixquixóchitl, originalmente Cuauhtlatoatzin), supuesto nieto del *hueytecuhtli* Nezahualcóyotl. Esto según el cronista José Omar Tinajero, quien asegura que los descendientes de apellido Escalona habitan desde entonces en Jolalpan, pueblo de Casimiro Castro que pertenece al municipio. (Otros descendientes, ¡cuántos no habrá!, se asegura, viven en Santa Clara Coatitla, Ecatepec).

La información histórica más conocida sobre Tepe es la contenida en el *Códice de Tepetlaóztoc*, de 144 fojas, resguardado en el Museo Británico de Londres. Por él nos enteramos de los desmedidos tributos exigidos por los encomenderos Hernán Cortés, Miguel Díaz de Aux y Gonzalo de Salazar.

Arroz, birria, tortillas y café sobre las mesas de los Serranos. Una imagen de san Sebastián vigilando los huacales adornados, ahora ya colocados a ras del suelo, algunos con el tradicional tlacuache disecado. Oigo que su danza empieza a practicarse en 1885 a partir de costumbres religiosas de los arrieros de la región. Resulta que Tepetlaoxtoc es una parada crucial para el Camino Real de Veracruz-México por su cercanía con Texcoco (una de las primeras ciudades novohispanas en recibir título de ciudad) y coincidir con el arranque de la ruta dominica hacia Guatemala. Tanta gente de paso: con razón este santo para epidemias. Hoy quedan pocos vestigios del camino, si acaso el Puente Anitzo y solo un mesón o sucedáneo, la Posada Narváez, de simpática fauna en mi colchón. No le hace, en la farmacia junto a la presidencia municipal saben recetar, sin ser doctores, y en el Tianguis Natural del fin de semana consigo una pomada efectiva.

Disfruto mucho la cena. No es el momento de ponerse a hablar de bichos. Ni huachicol, narco y minería rapaz:

—Bailaron ustedes muy bien, felicidades, seguro san Sebastián está muy contento.

—Más bien enojado porque nomás no lo dejamos dormir.

—Pero él no lo necesita, ¿o sí?

—Nosotros tampoco. Ayer anduvimos baile y baile y ya ve, aquí andamos de nuevo.

—¿Cómo le hacen para aguantar tanto?

—Nos preparamos bastante, sobre todo los Santiagos, ¿sabía usted que se sigue usando el libreto original del siglo XVI?

—Como en Papalotla…

—Solo que nuestra danza es más antigua.

—Ya era para que declararan Tepe Patrimonio de la Humanidad, ¿no?

—O Pueblo Mágico.

—O mejor nada, ya ve que el turismo siempre lo arruina todo.

—Bueno, usted es turista.

—Más o menos. Vengo cada año a celebrar mi cumpleaños.

—Sí, ya lo hemos visto. Debería animarse a bailar con nosotros.

—Pero no soy católico.

—Eso a san Sebastián no le importa.

Ya es domingo, los cohetes me despiertan de madrugada. Los perros sin dueño parecen habituados. Chinguiñoso y hechizado salgo a desayunar a un puesto en la plaza. Taco de chile relleno y arroz con huevo y un jugo de naranja recién exprimido comparable en frescura con el regaderazo más tarde. También pruebo la barbacoa de los portales. A manera de postre un curado de piñón, de maguey recién raspado, cortesía del Chino Sil, conocido tlachiquero a la vuelta del santuario de san Sebastián con su portada adornada de flores. La música de la rocola me hermana con otros viajeros.

Hace casi 500 años no podía imaginarse el vegetariano Betanzos —iniciador del convento de María Magdalena y pionero de los dominicos en las Antillas, Guatemala y Filipinas— que con el tiempo la devoción de los lugareños se orientaría más hacia el Encueradito. Cuentan que fue la propia efigie del santo la que decidió quedarse, una noche, conforme la trasladaban de Veracruz a la capital novohispana en algún momento del siglo XVIII.

Al rayar el alba, la mula que lo cargaba ya no quiso levantarse. Bajo el fresno se levanta una cruz que conmemora el sitio exacto. La esposa del Chino me lo confirma sin dejar de insistir en los favores concedidos personalmente. No lo dudo ni tantito. En esta solemne hondonada próxima de las cuevas de tepetate, en la sierra de Patlachique, a siete leguas de México, me consta que las bendiciones son capaces de llegar.

En forma de picadura de insecto, niño travestido o santo remolón. Muchas veces también a horcajadas.

Cortés llega a Tenochtitlan

Ocho de noviembre. Por fin alcanza Cortés y su ingente ejército la ciudad de Motecuhzoma, vasta, populosa y se ha dicho que bastante limpia también. Isla sobre el lago mitad salobre, mitad dulce, y dividida en cuatro grandes parcialidades, Atzacoalco, Cuepopan, Moyotla y Teopan. Hacia el norte la urbanización gemela de México, Tlatelolco. En realidad un archipiélago con más isletas como Nonoalco y Mixiuhcan.

En lontananza, serranías de vegetación arisca y heráldica, según palabras de Alfonso Reyes, y el par de volcanes vigilantes. Paisaje endorreico que hace evocar un verso de Aleixandre: «Otero suave frente a cerros lueñes». Valle que marca el fin de un largo viaje, prefigurado un par de siglos atrás por los propios mexicas conquistadores (tenayos, tepanecas, son todos humanos).

Al centro de la isla un recinto ceremonial compuesto de setenta y tantos edificios. Entre ellos el Gran Teocalli, sobre un ligero altozano por aquello de las inundaciones. Todo muy ostentoso: la típica ciudad preindustrial que chupa sangre de los tributarios rurales y por lo mismo es capaz de dedicarse al solaz, la religión y las artes. Pero también una ciudad de cultivo.

Escribe el caudillo español que era tan grande Tenochtitlan como Sevilla y Córdoba. Sus calles, anchas y rectas, ora de tierra, ora de apantle. Desde el primer minuto se da cuenta del peligro que representan los puentes en las calzadas, que en cualquier momento pueden retirar a conveniencia. Así decide cruzar el Rubicón. Hacia la boca del lobo.

Por su parte, Bernal se concentra en el amontonadero de gente que los va siguiendo con la mirada desde las torres, *cúes* y canoas. Jamás habían visto caballos ni hombres semejantes.

Una columna de mínimo siete mil ingresando despaciosamente por la calzada de Iztapalapa hasta el corazón de esta Atlántida, Utopía o Última Thule que a nuestro soldado hace pensar en el libro de Amadís, un *Star Wars* de la época.

Analfabetas de calicanto intentando leer un texto sagrado. Los ojos como platos, incluyendo los caballos. Ni en Cholula pudieron imaginar tal esplendor y delicadeza. El Jardín de las Hespérides resurgiendo en el subconsciente. Los más cultos evocarían el periplo de Brandán, o más bien de San Amaro, y a los almogávares en Constantinopla. ¡El petricor, las chinampas!

Luego Motolinía comparará a los mexicas con moros y judíos, considerados ciertos ritos, costumbres y ceremonias. El Conquistador Anónimo por su parte se refiere a ellos, con superioridad impostada, como comúnmente sodomitas y bebedores sin medida. Siempre ese miedo al distinto; ¿por qué?

Motecuhzoma y Cortés

Al término del camino, donde las espléndidas casas de los aristócratas, se presenta el monarca a ofrecer la bienvenida a los intrusos. Montado en su litera, literal. Las pupilas afiladas como obsidiana, el corazón de atabal guerrero.

Durante un tiempo existió una placa en la esquina de San Antonio Abad y Chimalpopoca que rezaba así: «En este lugar recibió Moctezuma a Hernán Cortés a su llegada a Tenochtitlan en 1519». En los años cincuenta la localización quedaría confirmada por Alfonso Caso en su trabajo sobre los barrios mexicas. ¿Será acaso el hospital de San Antonio Abad —con su portada de Claudio de Arciniega, nada menos— un recuerdo de ese encuentro? ¿Y los edificios neocoloniales de Tlaxcoaque un reflejo inconsciente de las «torrecillas» en las que reparó Bernal ese día?

Asegura Suárez de Peralta que con las siguientes palabras acogió Motecuhzoma a Cortés:[10]

—Habéis llegado a vuestra tierra y pueblo, México, y a vuestra casa, que es la mía, que os ofrezco para vuestro servicio; habéis venido para sentaros en vuestro trono y señorío.

Lo cual no deja de parecer un poquitín raro. Sin embargo, Suárez asegura que se las oyó a mexicas viejos y hasta a su propio suegro, testigo ocular de los hechos.

También el *Códice Florentino* patentiza este primer diálogo, que a nuestros oídos suena más como un *rap*:

—¿Acaso no eres tú? ¿Acaso él no eres tú? Él, ¿eres tú Motecuhzoma?

—Sí, así es, yo soy.

---

[10] Juan Suárez de Peralta, *Tratado del descubrimiento de las Indias. Noticias históricas de la Nueva España*. México, Secretaría de Cultura, 2017, p. 124.

¿Creía el mexica hallarse en presencia de Quetzalcóatl? Pamplinas, a estas alturas ya no. Si ni siquiera le permitió un abrazo. Anita Brenner asegura que hasta jugaron dominó juntos, pero eso más adelante. Y no nos olvidemos de que al tercer o cuarto día el cacique oficiará de guía de turistas, por así decir, por el adoratorio de Huitzilopochtli, deidad tutelar de la urbe. De momento quede constancia de que ambos señores no se veían como iguales. A uno, calzado con suelas de oro, sus pajes le iban cubriendo el suelo con alfombras. El otro solo olía a sudor con vinagre.

Bernal sostiene que Motecuhzoma pronunció esta frase: «En vuestra casa estáis vos y vuestros hermanos».[11] Pero solo una vez que los güeros, a su estilo descabalado, se hubieron terminado de instalar en el palacio de Axayácatl, sin duda el mejor hospedaje posible. Enclave cristiano *sine die* en pleno corazón del Anáhuac.

¡Qué frío, cuánta humedad!

Los miles de totonacas, tlaxcaltecas, cholultecas y huejotzincas debieron permanecer afuera de la isla, al cabo gente *non grata* para la ciudad.

Para mayor generosidad, a los españoles se les obsequian finas mantas, cajas con perlas, adornos plumarios y varios objetos de oro y plata.

Envalentonados, quizá esa noche no conciliaran el sueño. ¿Qué canciones cantarían? ¿Quién se refocilaría con mujeres locales? La palabra más pronunciada entre ellos, con total seguridad, sería oro, más que Cristo o Virgen. ¿Pronto se volverían ricos, verían más mundo? A lo mejor alguno se alejara del jaleo para escribir sus impresiones.

Contrastes

París

Salgo tan presto de mi habitación que ahora estoy demasiado temprano en la sala de abordar. No me sorprendería que estos pasajeros frente a mí trabajaran como extras para algún rodaje, en cierto modo todos lucimos igual, como autómatas, en este aeropuerto eficiente. Pero a saber lo que

---

[11] Bernal Díaz del Castillo, *Historia verdadera de la conquista de la Nueva España*. México, Porrúa, 2009, p. 162.

FOTO 12. *El Muelle de los Orfebres en la isla de la Cité, en París (agosto 2019).*

late al interior de cada corazón. En el mío, las ascuas de una vivencia poderosa, transparente, que a ver si soy capaz de relatar enseguida.

Gracias a un lance de dados, arribo a un callejón de nombre Nevers, abierto en algún momento del siglo XIII. Lo primero, asomarme desde el abovedado arranque del Quai de Conti, donde el edificio con esculturas *decó* que todos notan desde el puente no nuevo. Toca caminar hasta el fondo dejando atrás la bocacalle de la cortísima rue de Nesles. Conque esto es París o una pirruña parte de su margen izquierda. El alegre sexto distrito, la siempre joven fiesta portátil, el debraye de Polo Febo, hombre-sándwich.

Nadie me había advertido, ni siquiera en películas o novelas, de este cielo sin pátina por el que casi se puede patinar, tampoco del tentador entramado de calles con los faroles aún apagados a esta hora. A la Catedral no puedo acercarme por las reparaciones del último incendio.

La paz de la tarde me conmueve dulcemente en este solitario *impasse* con vestigios del muro de Felipe II Augusto. Claro que de esto solo logro enterarme por internet una vez que he cenado en Les Deux Magots, libro en mano, y recorrido el cansino trayecto de vuelta hasta el hotel en el aeropuerto.

Aparte de la Fuente de San Miguel, el templario Square du Vert-Galant, donde según Hemingway era posible hacer una pesca fructífera, y la imponente Saint-Sulpice bajo un crepúsculo lento, almirante, casi diríase poblano, en el duermevela de hace un rato también se me aparecen el templo parroquial germanopratino, antes abacial, hoy cartesiano, cuyo estilo arquitectónico, merovingio manoseado, no soy capaz de distinguir en el acto.

Falta de contexto y de tiempo, ahora a correr hacia el metro, despedirse de la ciudad envuelto en el tibio aliento de la noche. Ni chance ni modo de ver la Place de Furstemberg. Racimos de aves apiñándose en los plátanos. Mi escala de pocas horas ha llegado a su fin.

Despunta un alba color ratón. Alguien anuncia que es hora de volar hacia Viena, en mi caso por primera vez desde 2007, lo que lleva de casada mi hermana.

Hay quien opina que la capital austriaca supera en belleza a la de Francia. Para mí no es cuestión de hermosura, tampoco de comparar. Yo vengo de la Ciudad de México.

El miedo a la ciudad

Con miedo descubro el miedo con el que muchos capitalinos deciden no recorrer su ciudad libremente, no vaya a ser que les pase una desgracia si toman un taxi en la calle, visitan tal o cual colonia u optan por usar el metro en lugar de un coche. Qué coraje estas creencias que a la larga solo producen ensimismamiento y con las cuales se abusa y reditúa en no pocos medios de comunicación, provocando, luego, tanta y tonta advertencia:

—¿A qué vas hasta allá? ¡Te van a asaltar!

Es verdad que en tiempos recientes la inseguridad cunde en la Ciudad de México y su Zona Metropolitana. No extraña con gobernantes capaces de retirar un centro de acopio para montar un escenario a pocos días de un terremoto, ya no hablemos de los obscenos pactos con mafias: de cómplices pasando a socios y todo el mundo enterado. Gente que quiere vernos la cara de votantes y que, qué casualidad, aún permite el uso de cámaras fotográficas en la intimidad de las mamparas electorales. Del voto electrónico ni una palabra, por algo será.

Con todo y todo, siempre será recomendable que nos atrevamos a explorar los cuatro rumbos de la mal llamada mancha urbana, que no es de nadie sino de todos, y no olvidarnos del oriente, bien manchado y urbano. A fin de cuentas formamos todos, cada alcaldía y municipio en la cuenca, un mismo *corpus* geográfico e histórico. Las fronteras son solo cosa de políticos.

Quedo de verme con Tamara en los torniquetes del metro Pantitlán de la Línea 1, cuyo lindo pictograma hace pensar en el antiguo sumidero lacustre señalado con banderas para advertir a los navegantes de la amenaza de un remolino. Escribe Bernardino de Sahagún a mediados del siglo XVI de los mexicas que buscaban niños de teta para comprarlos a sus madres y sacrificarlos en este Maelstrom texcocano.

El laberinto de corredores nos divierte como a infantes, cómo se nota que no tenemos que transitar por aquí a diario. Tamara toma fotos; gente la mira con ojos de «amiga, date cuenta», no obstante que su barrio la respalda. Nuestro propósito, sondear el chipote al norte de Iztapalapa que de antaño se llama Chimalhuacán, o sea, donde poseen escudos.

Salimos de la estación y tardamos un buen en llegar. Mucho chisme en el Uber, pobre chofer, lo que sufre escuchando. Una vez en Chimalhuacán la vida nos premia con un inmerecido regalo: estrechar la mano del cronista municipal, Fernando Tomás González, de más de ochenta años. Durante 35 tuvo la fortuna de trabajar como pescador, durante sus mocedades. Captura de mosco, leemos más tarde en su permiso de 1963. Anda con ganas de presumir el terruño.

Lo primero que hace es guiarnos por la zona arqueológica, bien preservada y pródiga en tepalcates: los Pochotes, mejor conocida como el Tecpan. El cráneo del Hombre de Chimalhuacán es la pieza central del museo, cuenta con 11 milenios de antigüedad, más o menos, y fue hallado en la colonia El Embarcadero en 1984 junto con más restos óseos. Por ellos se infiere que se trató de un hombre de treinta y tantos años y estatura media.

Acto seguido Fernando nos conduce hacia la parroquia, uno de los templos más antiguos de la Orden de Predicadores en la Nueva España, de 1528. Qué padre el hombrecito con penacho a la entrada y la añosa capilla del Rosario, si bien el templo no compite con el otro Chimalhuacán, en la región chalca, el de Ozumba. Para allá iremos en otra ocasión, hoy toca enfocarse en este quieto poblado de canteros, pescadores y comparsas (los Calaveras, la más conocida), pirules y olivos, tacos de cecina enchilada en los portales, movimiento antorchista y una que otra casa de adobe aún. Su fundación se remonta a 1259 a cargo de gente de Tula y Culhuacán y a menudo se le agrega el topónimo de Atenco.

Más adelante habremos de despedirnos de nuestro escudero afuera del Teatro Acolmixtli Nezahualcóyotl. Lo recordamos como un hombre magnánimo y de palabras sabias:

—Envejecer es vivir varias épocas, de joven puedes conocer a gente mayor que te cuenta de sus ancestros, y ya tú luego le puedes transmitir ese conocimiento a los más jóvenes. ¡Es como viajar en el tiempo!

Pero antes una última parada. El bello recinto conocido como Museo Chimaltonalli, compuesto de objetos que de corazón facilitan chimalhuaquenses espléndidos: fotos en blanco y negro, una sinfonola de los años cincuenta (dispuesta para recreación de los locales en la nevería El Barrilito) y utensilios para pescar; lo mismo diversos trajes de carnaval, la fiesta más larga del Estado de México, de 12 semanas de duración. Todo al interior de un antiguo molino. El saludable fresno en el patio es capaz de serenar los ánimos: no hace falta fotografiarlo todo, ¿o sí? Además hay que guardar batería para el Guerrero Chimalli, mejor conocido por los vecinos como el Mazinger de Chimalhuacán.

A Tamara le encanta esta escultura monumental de 60 metros de altura, nuevo símbolo de identidad para la Avenida Bordo de Xochiaca, dotada a partir de 2014 de un generoso espacio público. La escultura de un lustro y pico es obra de Sebastián, a quien se le odia con ganas o se

FOTO 13. *El Guerrero Chimalli, en Chimalhuacán (diciembre de 2017).*

FOTO 14. *Fernando Tomás González, cronista de Chimalhuacán y antiguo pescador del Lago de Texcoco (mayo de 2022).*

le ama sin demasiadas. Ascendemos al mirador luego de esperar delante de un estrecho elevador largo rato. Hacia acá queda Texcoco y por allá nuestros minúsculos departamentos. Cuánta gente, grata herencia de una musculosa civilización acolhua de la que hoy apenas queda rastro en los libros de historia, cuánta vivienda, hasta parecen tepalcates, casi ninguna más alta que la otra, todo muy bien trazado. Ojalá supiéramos escribir como estas nubes encima.

Al día siguiente recibo un mensaje de @cescrodriguez47 en Instagram.

> Qué bueno que se dieron un paseo por mi pueblo, ojalá se lleven una buena imagen porque los medios siempre hablan pestes de nosotros, pero la realidad es otra. Hace como veinte años años las cosas cambiaron para bien, antes vivíamos en la marginación y ahora estamos forjando una nueva historia. Están invitados a venir en época de carnaval.

Aceptamos, sin miedo.

Pedro de Alvarado y la ciudad *woke*

Pero basta de chismes o, como dice Bernal, dejemos de estos mandos y de otros que ya no me acuerdo. Lo importante ahora es preguntarse por qué abrirles la puerta a los dizque *teules* o *teteoh* (fuerzas sagradas) de forma tan gentil, en lugar de hacerles la guerra desde un inicio, si ya todo el mundo en Tenochtitlan sabía que su intención era privarlos de su soberanía.

Con todo y los cuestionamientos de Guy Rozat Dupeyron y otros críticos del enfoque colonialista de la Conquista, mucho se ha escrito acerca de los presagios. También es sabido que Cuauhtláhuac, hermano del *hueytlahtoani* (gran orador), guerrero sagaz y señor de la enjardinada Iztapalapa, aconsejó no meter al cantón a los extraños que a la larga solo iban a causar problemas. Es decir que hubo tiempo para prepararse. Comoquiera ya hemos visto que Motecuhzoma, hombre cauto, taciturno, de alrededor de cincuenta años, opta por recibirlos con regia cortesía. Esto después de meses de enviar presentes. ¿Les temía a los invasores? Bien sabía que llevaban ventaja, y hasta Cacama, su compadre, tuvo que estar de acuerdo. Tratemos de imaginar el impacto que debió de infundir, aun entre los mexicas privilegiados, el fulgor de las espadas, la impetuosidad de los caballos, aquellas pieles rubicundas.

Otra posibilidad es que al recibirlos en la isla lo que hacía de verdad era encerrarlos en ella. O era muy sabio o era un cabezón, conjetura López de Gómara.

Total que un asunto llevando al otro, bien pronto comienzan a sucederse las fricciones. Ya sea a causa de la insistencia de Cortés de convertir a Motecuhzoma al cristianismo, o bien por las fieras imprudencias de Pedro de Alvarado, fantasmón que los mexicas apodaron Tonatiuh por su pelambrera dorada. Tan bello como malvado, lo describe el padre Garibay.

No era la primera vez que el rubito trácala hacía de las suyas. Apenas tocado Cozumel y sin el consentimiento de su superior había decidido esculcar templos, aterrar a la población nativa y requisar maíz y guajolotes, todo en un periquete y sin remordimiento alguno. Sobra decir que resultó escarmentado, no hay refrán que no sea verdadero, donde hay patrón no manda marinero.

Mas ciertamente la más notable insensatez de nuestro vivales güerillo será la Matanza de Tóxcatl en pánfila ausencia de Cortés, a la sazón en Cempoala resolviendo gatuperios. Lo que sirve de detonante para una primera revuelta mexica en la primavera de 1520. ¿A quién se le ocurre asesinar a las madres con sus hijos y a todos los nobles presentes y en plena festividad de Huitzilopochtli? Pobre gente que había acudido a bailar, ofrendar maíz tostado, procesionar con una figura de amaranto y miel. Celebrar el paso cenital del Sol, el primero del año, y posiblemente la fundación de la urbe.

El lamentable episodio, en cadena con la inesperada muerte de Motecuhzoma, provocó la apresurada huida de los españoles —ahora nutridos con el contingente que acababa de llegar con Pánfilo de Nárvaez— la madrugada del primero de julio durante la llamada Noche Triste, pereciendo un montón de cristianos en la retaguardia, con especial dramatismo en las inmediaciones del actual templo de San Hipólito, a la altura del Canal de los Toltecas, en plena calzada hacia Tacuba, donde Tonatiuh pierde a su adorada yegua alazana. De ahí el audaz salto en la siguiente cortadura, la lanza a manera de pértiga. Se ha escrito que los mexicas presenciales comieron tierra en señal de asombro.

¡Mas si osare un extraño enemigo!

ENTIENDO QUE AHORA LA CALZADA de Tacuba se va a llamar, en un tramo, México-Tenochtitlan (ignoro si con acento en el «tlan», no me extrañaría): el trecho conocido de antaño como Puente de Alvarado, que como todo el mundo sabe —¿sí?— lleva tal nombre a consecuencia del legendario salto que según la tradición hubo de dar Pedro de Alvarado para salvar su tercera cortadura de importancia, más o menos en la actual esquina de Zaragoza o Terán, depende de la colonia, la madrugada del primero de julio de 1520 (2–pedernal). Ya hacia 1850 el alemán Sartorius se lamentaba de que pocos pudieran decir en qué lugar había ocurrido dicho salto.

Seguro que esta disposición se tomó para dignificar a los nahuas de aquel año. No a los actuales, claro, por ejemplo a aquellos de Milpa Alta —pronúnciese Mil Palta— que desde 2021 han sufrido graves crisis de agua. Ya no hablemos de la tala ilegal en el bosque comunal. O del narco.

La ocurrencia biempensante, imprecisa e innecesaria —súper engorrosa para un buen número de vecinos de Buenavista y la Tabacalera, aunque tal vez *sexy* para el turista sin cubrebocas— no solo borra de un plumazo una de las leyendas más sabrosas, rasgo de identidad nos guste o no de la Ciudad de México, sino que insiste en la narrativa de vencidos y vencedores y en el falaz binomio mexica-mexiqueño, ignorando de paso nociones básicas de la urbanística tenochca.

¿Sabrán los responsables de esta machinchuepa *woke*, por ejemplo, a qué *calpulli* y *campan* pertenecía tal tramo? De acuerdo con el estudio de Alfonso Caso publicado en 1956, el centro ceremonial de Cuepopan estaría precisamente donde el antiguo convento fernandino. ¿Se habrá tomado esto en cuenta para la nueva nomenclatura? Lo dudo realmente.

Ya puestos a cuestionar, ¿por qué a ningún funcionario —de cualquier partido, ese no es el punto (aunque a últimas fechas ese siempre es el punto)— parece incomodarle que una calle en el Centro lleve el infamante nombre de Isabel la Católica?

En todo caso, ¿qué se gana con cambiarle de nombre a una calle?

¿No era el inverosímil salto de Alvarado, de hecho, una buena ocasión para enaltecer a los mexicas de la Noche Triste o Victoriosa, dado que dejaba en evidencia la ligereza del adelantado español y no tanto su valor (parafraseando al cronista Antonio de Solís)?

Si este fuera el propósito, ¿por qué no elegir Puente de Petlacalco, que era el nombre original de la calle? ¿Por qué habría de gobernar cosméticamente? ¿Quién toma estas decisiones y a santo de qué? Por lo visto, una Comisión de Nomenclatura cuyos miembros argumentan lo siguiente: «Pedro de Alvarado no debe ser objeto de celebración o conmemoración alguna», «los más reconocidos cronistas e historiadores no dan cuenta de ningún documento que pruebe que el evento haya ocurrido» y «esta leyenda fue creada por los conquistadores y sus descendientes».

Sobre lo primero, no pasemos por alto las palabras «no debe»; de lo segundo llama la atención el epíteto «los más reconocidos» y, cosa curiosa, la pretensión de veracidad por encima de la tradición; y a propósito de lo tercero sépase que entre «sus descendientes» se encuentra un buen número de mexicanos, lo sepan o no, ¿vale su origen menos que el resto?

«Hay cosas viejas que nunca envejecen»,[12] escribió Luis González Obregón. La soberbia, una de ellas.

[12] Luis González Obregón, *México viejo. 1521-1821*, París, imprenta de la viuda de C. Bouret, 1900, p. 233, en <https://ia800206.us.archive.org/33/items/mexicoviejonotic00gonz/mexico viejonotic00gonz.pdf>, consultado el 20 de octubre de 2022.

FOTO 15. *La leyenda del labrador y el águila, esculpida en el atrio de la iglesia de San Hipólito, en las inmediaciones del antiguo Canal de los Toltecas (enero de 2018).*

VOLVER UN DÍA A España, comprar una tierra y envejecer con dignidad suficiente. Volver a las ferias de Medina del Campo, pero ahora como persona rica. En esto se concentraba un buen número de españoles durante aquel pandemónium sin paraguas. La risa floja, el lodazal, el chiquero.

Si en algún lugar de la Ciudad de México pululan los fantasmas debe de ser afuera de San Hipólito. Desbarrigadas almas en pena, ciegas de sangre, que conviven cada día 28 con los devotos de San Juditas, pisando con lenidad un suelo impregnado del tesoro expoliado, la cara de funeral del astrólogo Botello y su falo-talismán, las burocráticas advertencias de Francisco de Saucedo, los huesos de cuarenta y varios caballos perdidos entre el granizo, el lodo y la sangre. Porque a eso huele, precisamente, la calle bien larga que aún conduce a Tacuba.

Calle de Tacuba

Hoy, mañana y pasado una caterva de extranjeros visitará el Centro Histórico de la Ciudad de México, Patrimonio de la Humanidad de la Unesco desde 1987, muchos de ellos en espera de contemplar impactantes ruinas aztecas y hasta mayas en la mente de algún despistado. Puede que en cambio acaben extrañados por la inopinada cantidad de iglesias novohispanas y modernas, alrededor de setenta, varias de ellas ladeadas y encueradas de su aplanado. Igual sorprendidos por la importante cantidad de arquitectura de los dos siglos pasados, lo que más hay en estas calles. Del mismo modo es probable que sientan algún tipo de desencanto al recorrer una calle de Madero colmada de Old Navy, Levi's, H&M, American Eagle y tiendas por el estilo. ¿O alivio? No era esto lo que les habían vendido Netflix, la película de James Bond y el programa de Anthony Bourdain.

Que no se alarmen, el Centro es mucho más que esa calle. Basta con caminar dos cuadras hacia al norte para dar con Tacuba, vía sin pretensiones elitistas ni casi *slow walkers*, la gente va a lo que va, ni tampoco cantinas, pero eso sí, con una fuerte personalidad local y los más célebres vestigios mexicas en su cabo oriente. Aparte de contar con una estación del metro, lo que potencia la venta de comida callejera y películas pirata. Y un puesto de periódicos metastásico que impide la libre circulación.

La calle es bien conocida por su restaurante Café de Tacuba, de hace 108 años, con cara de *tourist trap*, pero sin serlo realmente, y enfrente las sobrias portadas herrerianas de Santa Clara. Asimismo, destacan las perfumerías (la de mayor prestigio, Novelty, en el 71, desalojada en 2019 luego de décadas de servicio), ópticas, zapaterías, negocios de compraventa de oro y, claro, la murga de ciegos cada tarde en la esquina con Motolinía.

Tal es la calle que me dispongo a caminar enseguida, una de las principales de México Tenochtitlan y durante el transcurso del Virreinato. Desde la espalda de la Catedral hasta el Eje Central. Mi intención es mostrar del modo más íntimo posible el pulso cotidiano de una calle céntrica, ciertamente no la más antigua del Centro, la ciudad o de América, como suelen proclamar quienes no han leído a Luis González Aparicio. ¿Qué mejor que a través de sus pequeños y nada costosos objetos?

Concha en La Vasconia (Tacuba 73), $8.50. La reina del pan dulce y a la vez la más democrática. Me gusta comprar esta pieza en la panadería más longeva del Centro, establecida en 1870 o incluso antes, por su sabor más dulce y esponjosa consistencia. Se ubica en la esquina sur poniente con Palma, en las antiguas casas del marquesado del Valle de Oaxaca, título concedido a Hernán Cortés en 1529. Llama la atención que el inmenso palacio, reconstruido durante el siglo XVIII, sobreviva hasta nuestros días, no obstante hallarse fragmentado y en fachoso estado de conservación. La Vasconia no es solo panadería, sino que opera también como lonchería de tortas (bárbara la de bacalao), hamburguesas y sobre todo de pollos rostizados. Recomiendo fijarse en el delicioso pan de Acámbaro, Guanajuato, que no es tan fácil conseguir en la Ciudad de México. Y atención con la frase «la tradición de ayer, la frescura de hoy, la calidad de siempre» en la bolsa de papel. Están diciendo la verdad.

Pin del metro a la entrada del Edificio Cobo (Tacuba 37), $20. Este señor —nos da cosa preguntar su nombre con tanta extorsión últimamente— lleva medio siglo vendiendo llaveros con los escudos heráldicos de un aluvión de apellidos, más o menos dos mil, además de minúsculos prendedores con toda suerte de diseños: una suástica, la menorá, escuadra y compás masónicos. Lo más lindo, cierta preciosidad anaranjada que representa un vagón del metro, que no dudo ni un instante en comprar. También hace trabajos bajo pedido y tarda 24 horas en tenerlos listos. El ceño arisco lo pasamos por alto.

Monedero de piel en El Coco de los Petaqueros (Tacuba esquina Allende), $60. Algunos recordarán un anuncio en el radio, hace mucho, que decía: «Desde la Ciudad de los Palacios a la Torre Eiffel, todos viajan con las petacas de Miguel», aludiendo a Miguel Fernández, rey de las petacas proveniente de Santander, en España, quien llegó a los 13 años a la Ciudad de México. Su negocio de los años veinte aún permanece en funciones y a mí me encantan sus monederos discretos, atemporales, prácticos. Al preguntarle por el éxito de estos, un empleado repone sonriendo:

—Son nuestro pan.

Desde luego también venden petacas, que en mexicano son maletas. «¿Petacas? Las de Miguel», su lema.

Cacahuates japoneses en Cinemart Staff Cine y Video (Tacuba 20), $10. Además de DVD y Blue Ray, mayormente de cine de autor, casi todo a menos de cien pesos, en la entrada de este establecimiento junto al Coco de los Petaqueros han tenido el tino de ofrecer *snacks* para caminantes más interesados en distraer el hambre que en la filmografía de Pasolini. Mis favoritos son los cacahuates japoneses —en Japón los conocen como mexicanos—, invención del barrio de la Merced, de los años cuarenta, como resultado de freírlos en pasta de harina y salsa de soya.

Matraca afuera del Café de Tacuba (Tacuba 28), $30. Si no fueran artesanías no la dejarían vender aquí, me explica la señora a propósito de los juguetes de madera que fabrica ella misma en Toluca y viene a vender aquí con la venia de policías torvos (no es una de las comerciantes permitidas por la autoridad en la calle): cochecitos, yoyos, baleros, guitarritas… y una candorosa matraca para niños cuyo único provecho es producir ruido. A veces tenemos la suerte de encontrárnosla y otras parece haberse esfumado. En cualquier caso siempre es buena idea entrar al restaurante por un chocolate caliente y recomendable tamal. Experiencia igual de ruidosa.

Muñequito de tela en la Plaza Manuel Tolsá (Tacuba 8), $50. Esta plaza fue abierta cuando se construyó el edificio para la Secretaría de Comunicaciones y Obras Públicas a principios del siglo pasado, reemplazando a un decrépito y apergaminado hospital de jesuitas. Desde 1982 alberga el Museo Nacional de Arte. Tal vez no todo el mundo conozca sus pinturas religiosas o el *Paisaje zapatista* de Diego Rivera ni las portentosas vistas de José María Velasco. Sin embargo, ninguno ignora el Carlos IV

FOTO 16. *La Plaza Manuel Tolsá y una representación suya, obra de Rafael Guízar para el restaurante El Cardenal (junio de 2022).*

de Manuel Tolsá al centro de la plaza, de lerda sonrisa tímida o de burla: El Caballito. Tampoco este tianguis de productos mitad *hippie*, mitad atracción turística: pipas, morralitos, libros usados de jaez revolucionario. No viene al caso regatear, por lo general son foráneos que se esfuerzan en llegar a la ciudad y encima de todo pagar oscuras cuotas a líderes de ambulantes (los llamamos ambulantes, pero principalmente son votantes), quizá sea el caso de la mamá e hijo que me venden este simpático muñeco queretano, hermanito varón de la muñeca de Amealco. Los huaraches, el fle-

FOTO 17. *Puesto de calendarios La Chulita, desde 1919 (octubre de 2020).*

quillo. Emoji de corazón que palpita. Me va servir para guardar mis monedas o adornar un librero.

Calendario en La Chulita (Tacuba esq. Filomeno Mata), $70.

—¿Desde cuándo existe este puesto?

—Mil novecientos diecinueve, ¿usted cree? Mi abuela comenzó vendiendo calendarios aquí mismo en una mesita. Era católica, *pero* inteligente. Nosotros somos testigos de Jehová.

—¿Ella era la Chulita?

—Así le decían, y también a mi mamá. Este es mi hijo: la cuarta generación.

Al señor Mauro, usualmente de sombrero, le gusta charlar: acerca de la Biblia, del pintor Jesús Helguera, autor de los conocidos cromos que adornan sus calendarios (el México-reconocible-a-simple-vista, que describe Monsiváis) y la razón por la que no vende cigarros, pese a la insistencia de tantos paseantes:

—No me gusta vender vicio, yo amo a mi prójimo.

Vale la pena sacarle plática y comprar una de sus imágenes clásicas, por ejemplo la leyenda de los volcanes, cumbre del arte calendárico (otra vez Monsiváis, estudioso bíblico).

El Árbol de la Noche Triste

Los sobrevivientes de la huida, entre ellos María de Estrada, presuntamente hábil con la espada y la rodela, y futura fundadora de Puebla, se verán obligados a encontrar nuevos socios, aparte de los consabidos tlaxcaltecas y texcocanos. Por ejemplo los *hñähñús* de Tlalnepantla y Naucalpan, quienes terminan por acoger, qué remedio, a los heridos, más por curiosidad que por benevolencia. Ya con escasa impedimenta.

Lo anterior en el punto más alto del Otoncopolco, boscoso cerro donde aún se alimentan de pulque los de San Juan Totoltepec en este siglo XXI. Donde sigue en pie el sabino de 1 200 años bajo cuya fronda se asegura que descansó Cortés ocultando la cara entre sus manos, ya de mañana, muy cinematográfico todo (lo del árbol de Popotla se lo inventó alguien en el siglo XIX). Donde todavía se reza en la basílica de la muñequita que el conquistador Juan Rodríguez de Villafuerte escondió bajo un maguey como agradecimiento por salvarle la vida durante la Noche Triste y que luego un principal de nombre Ce Cuauhtli ha de encontrar alrededor de 1540. Donde el Señor Malinche y sus guerreros sedientos de oro deciden caminar de retache a la ciudad de los muros de agua, esta vez por una ruta distinta y para hacerla suya a como dé lugar.

Un viaje al cajero

Acabamos nuestro paseo bajándonos de una patrulla frente a Las Aguas Zona Azul, hipocentro social, un clásico de Satélite. Tal vez sea lo habitual, o puede que el auto tuneado delante de nosotros llame más la atención, lo cierto es que casi nadie voltea a vernos con demasiado interés. ¡La dulce sensación de volver momentáneamente a la adolescencia! ¿Cómo habrá sido vivir esos años en estas calles tranquilas y arboladas en las que todo el mundo parece conocerse entre sí? Tal vez mucho rato en el coche, lloriqueos y acné sobre una cama de Costco, de tarde en tarde dejarse ver sobre Circuito Economistas. El aire no sería menos impuro que el de la Ciudad de México y las antenas parabólicas dominarían el paisaje.

Sucede que un par de policías nos sorprendieron metiéndonos a la mala a la Acrópolis de Lomas Verdes (ni falta que hacía, a la vuelta hasta despachan taquerías). Tontos del bote, viejóvenes con las manos en la selfi persiguiendo baldías ocurrencias al término de un recorrido sabatino por el vastísimo Naucalpan. Luego de rogarle a los oficiales que por favor nos perdonen, estos resuelven que lo mejor será darnos *ride* hacia un lugar más céntrico, por decir Las Aguas. Es que no traemos carro.

—Pero antes pasamos a un cajero.

—¿Para qué o qué?

Todo empezó en el metro Panteones, ahí abordamos un coche con dirección a la Pirámide del Conde, zona arqueológica descubierta en 1907 por Manuel Gamio. No podemos entrar porque, contra lo que esperábamos, no abren los fines de semana. Tampoco el museo dedicado a los tlatilcas, adonde llegamos más tarde, a pie, pese a las hostilidades de tanto automovilista. Museo inaugurado hace más de 45 años y que tiene cara de carecer de intervención alguna desde aquel entonces.

Tlatilco, según una interpretación etimológica, significa 'lugar oculto en la tierra' y constituye una de las poblaciones más añosas de la Cuenca de México, incluso más que Cuicuilco. Se trata de un oscuro grupo, oscuro para nosotros, de agricultores y alfareros de influencia olmeca, ya oculto al momento de aparecer los mexicas a cuadro. Son bien conocidas sus figurillas de cerámica con chaparreras o haciendo acrobacias o con alguna deformación corporal. Preclásico Medio que hoy ya huele a caldo de gallina.

En el Conde recorremos el pequeño mercado y andamos un rato por las vías de la antigua estación del ferrocarril. Más tedio que achicopalamiento. Mucho sol. Y vagones funcionando como viviendas, uno a manera de escuela primaria. El entorno recuerda a la Huaca veracruzana, allá las tablas, acá la basura, ambas un poco vampíricas.

A continuación nos acercamos al pueblo de San Bartolo, de espacios públicos enrejados y precarias sombra y limpieza. ¿Dónde guarecerse? En la cantina El Río Duero, claro. El mesero no sabe a qué pueblo, villa o ciudad hace alusión el mural, se nos ocurre que a algún lugar de Castilla. Sabroso el chamorro y a treinta pesos la orden de cinco tacos de suadero.

—No está tan feo el Centro de Naucalpan.

—Tampoco tan bonito.

El entusiasmo lupular y de cebada nos ayuda a subir sin demasiada fatiga por el cerro de Otoncopolco hasta la basílica dedicada a la Virgen gachupina de San Juan Totoltepec, la que presidió el adoratorio de Huitzilopochtli antes de ser ocultada en la tierra por Juan Rodríguez de Villafuerte. La Virgen de los Remedios. En el claustro admiramos los exvotos. «Gracias por hacerme la niña más feliz del mundo», dice el más simple,

FOTO 18. *Antigua estación de tren, en Naucalpan (enero de 2018).*

una pinta en un muro. Sobre todo vemos agradecimientos por haber salvado la vida, la propia o de algún conocido, pasado con éxito un curso escolar, salido con éxito de una operación…

En el atrio señorea el legendario ahuehuete reivindicado por el cronista Ricardo Poery Cervantes. Donde lloró Cortés, se supone.

Un sacerdote bendice el automóvil nuevecito de una hija que cumple años. Tomamos fotos del cuadro familiar a pocos metros de distancia. Los buenos viajeros son despiadados, escribe Canetti, que tal vez no se refería a que uno tome fotos tan cerca. Despiadada la señora Frances Erskine Inglis, más bien, quien describe esta iglesia como antigua, pero sin nada de particular que ofrecer.

Nos topamos asimismo, ya en las calles de San Juan Totoltepec, con un muro cuajado de fotos en blanco y negro. Las pone afuera de su casa una familia de ocho, no se ven a sí mismos como cronistas, tan solo se dedican a imprimir y ofertar las fotos.

Hasta hace poco cultivaban maíz, ahora venden abarrotes.

Caminamos hasta el acueducto de los siglos XVII y XVIII que culimó el arquitectazo Iniesta Bejarano, el de la portada de Tepotzotlán. Unas niñas de viejísima progenie *hñähñú* se ríen y murmuran entre sí, que qué hacemos unos gringos en su pueblo. Fingimos no escuchar, pero al rato yo suelto en seco español:

—¡Qué altos los arcos!

Uno de nosotros desea andarlos por el cauce, a más de 15 metros en su altura máxima. Desde abajo observamos conturbados temiendo una caída en cualquier instante. No ocurre, *thank God*, y así llegamos al segundo caracol, que ya habíamos visto en una pintura de O'Gorman. Son los respiraderos o lumbreras de ventilación, importante patrimonio naucalpense en bobo estado de conservación.

Otro Uber a continuación para digirinos a la Casa Orgánica del arquitecto Senosiain. Pero ni nos permiten entrar al fraccionamiento. El conductor nos deja, pues, en la Acrópolis. Lo demás ya ha sido contado y forma parte ahora de la historia enterrada del que esto escribe.

—¿Entonces qué cajero les queda bien?

—Es que yo sigo sin entender para qué quieren llevarnos a un cajero.

Azcapotzalco

Cien años, se dice fácil. Primero hay que cumplir noventa y nueve. Quedamos de vernos al día siguiente. Larga y con un primer piso para los tumultos de quincena, según la describe Jorge Legorreta en su guía. La cantina más longeva de Azcapotzalco, tamaña alcaldía con más de una veintena de poblados originarios. No exageramos si la llamamos ciudad. El Dux de Venecia, un año más joven que la Constitución. Yo la prefiero por encima de La Luna, en la plaza, por antigüita y acogedora. Y su Limón, trago ejemplar que casi no sabe a alcohol, pero vaya que lleva. En la barra de azulejos me encuentro con Julio Arellano, la camisa bien planchada, el sentido del humor en su sitio. Paciente con el nesciente, me invita a merendar en la taquería de su familia, Tres con Todo, no muy lejos del busto de Yasir Arafat. Tranquila y limpia Clavería cuya arqui-

FOTO 19. *La centenaria cantina El Dux de Venecia, en Azcapotzalco (julio de 2018).*

tectura hace pensar, lo mismo el verdor, en ciertas colonias de los años treinta o cuarenta aledañas a la Calzada de Tlalpan. Nuestra conversación borbotee y borbotee redicha, facunda. A la próxima debemos ir a San Miguel Amantla, dice, y a Tlilhuaca por el Día de Muertos. Luego me enseña más del hormiguero. Tal vez eso signifique Azcapotzalco, por haber estado siempre tan lleno de gente. Eso no lo dice él, tendente sin embargo a contemporizar. Es de los que acuden a las fuentes históricas y no opinan a la ligera. Pensativo, modela los labios como si fuera a silbar. Caminamos por fin a la pequeña y vetusta iglesia de Huacalco, atrapada o protegida, por la Unidad Cuitláhuac: más de cien edificios.

Ya seco a estas alturas el manantial que abasteció a Tlatelolco en la época virreinal y en realidad desde antes. Lugar de nacimiento de la mamá de Itzcóatl, o eso se cuenta. Una tentación mudarse enfrente, a la Nueva Santa María: el crepúsculo azulenco sobre el mosaico veneciano de tanto edificio, de dos o tres plantas la mayoría y mucha planta en los balcones. Los niños en el parque son muy afortunados. La luz mirmecológica precediendo al chaparrón. Al asubio del Minichelista, de rimbombante oferta de tés, recapitulamos el recorrido chintololo que lo mismo ha incluido la iglesia de San Lucas Atenco, con su mural del XVII en la antigua capilla abierta y el manido perro dominico en la portada. Al usar el baño junto a la sacristía puede que alguien oyera el chorrito en la misa, así de diminuto el templo. Igual visitamos Nextengo, pueblo o barrio de enfrente, y aún antes la iglesia de San Simón, de plataforma tepaneca a la vista. Afuera un expendio de petróleo, quién fuera carbonero en esta calle perezosa. Once kilómetros a pie, se dice fácil. Primero hay que bajarse en el metro Refinería, andar por la avenida de majos chalés todavía que conecta de antaño con los amigos tenayos. Hacerse un espacio en la barra, pedirse un Limón. Sentirse el gran dux, un Manuel Gamio con iPhone. Aguardar el hormigueo, que llega.

El asedio a Tenochtitlan

Ahora toca rodear las lagunas y estudiar el paisaje. Quauhquecholtecas y una horda de chalcas embravecidos se unen al contingente. Todos adversarios, más bien enemigos, de los mexicas. No se trata de mercenarios, pero a la larga terminarán sintiéndose así.

Tras varios encontronazos y faenas, como la matanza de Calacoaya, la cruenta batalla de Otumba, el saqueo de Iztapalapa, la quemazón de Xaltocan, la toma de Cuernavaca y la riesgosa conquista de Xochimilco, se cierne sobre México Tenochtitlan un terrible asedio que solo dará comienzo unos meses más tarde, el 30 de mayo de 1521.

También durante ese lapso los españoles aprovechan para fundar la villa de Segura de la Frontera, que hoy es Tepeaca. Hernán escribe allí su segunda carta de relación en plan *Guerra de las Galias* y adjunta un plano conocido como de Núremberg, de autor desconocido y dibujado probablemente antes de la reciente madrugada triste. Es un bello diseño, como para tatuárselo, con la isla al centro y alrededor las ciudades del Tepeyac, Texcoco, Chimalhuacán, Iztapalapa, Xochimilco, Churubusco, Coyoacán, Tacubaya, Tacuba y Azcapotzalco.

En esta última, tras la derrota, los españoles respetan los edificios al no encontrar resistencia.

Héroes y cobardes en la ciudad sitiada y con epidemia

De un bando y del otro comienzan a urdirse sendos planes de ataque. Alzar la ropa, dicen en jerga castellana. Agua quemada en el corazón de los otros.

Construir 13 bergantines, uno de ellos de nombre Busca Ruido, el más chico y a la postre inservible. Velamen, jarcia y clavazón provenientes de los navíos veracruzanos. Xicohténcatl el Joven desertando y el senado tlaxcalteca aprobando su ejecución.

En la isla, Cuauhtláhuac reorganiza la tropa. Pero antes hace salir a los inútiles para la guerra. Se establece un cuartel cortesiano en Texcoco, en el palacio de Nezahualpilli, en donde luego se levantará la escuela de artes y oficios de Pedro de Gante y su convento francisco.

Para inicios de 1521 Cuauhtémoc ya es el nuevo líder de los mexicas, un veinteañero brioso que toma una actitud bien distinta a la de su tío Motecuhzoma, ahora muerto a consecuencia de un raruno secuestro a manos de los *teules* y brevemente sucedido por Cuauhtláhuac, el invicto, juguete de nadie. Respectivos interregnos de 80 días, según el período acostumbrado de luto. Alguna eutanasia tal vez. Un montón de dolor.

Hoy Motecuhzoma es comúnmente tildado de cobarde, y aun de soberbio, mientras que a Cuauhtémoc, «joven abuelo», lo seguimos viendo como a un héroe y «único héroe a la altura del arte». Pero ¿estamos siendo justos?

¿Qué se supone que debe hacer un gobernante frente a un invasor?, ¿una capitulación honrosa no puede ser una opción? ¿En qué consiste el heroísmo?

El gran Xocoyotzin, conforme a lo que hemos visto, recibió gentilmente a Cortés y los suyos, manteniéndolos contentos, o por lo menos muy cerca. Cuauhtémoc, en cambio, insiste en aguantar, inexpugnable, declinando toda tentativa de negociación y de ese modo contribuye a devastar su propia ciudad. El todo por el todo.

Este chance y morirá colgado de una ceiba en Candelaria, Campeche, algunos años después junto con el fraile Tecto, confesor del emperador español. Al cacique rehén, por su parte, lo hiere de muerte su propio pueblo. Heridas de piedra. Lo llaman azteca indigno, cobarde y mujer de los blancos, propia para hilar y tejer. El *hueytlahtoani* Cuauhtláhuac, en cambio, muere de viruela en las postrimerías de 1520, un dramón esa epidemia.

I

¿Qué significa que las tiendas de vestidos para novias sigan abiertas el mero día en que la Secretaría de Salud anunció el inicio de la Fase 2? Miro por la ventana, menos gente que de costumbre, sin embargo aún hay quien entra y sale de estos comercios característicos de la calle de Chile: las típicas familias con el marido resignado y la abuela opine y opine, a paso lento, casi siempre en *pants*, en busca de trajes costosos.

La tradición señala a un tal bordador Amaya como el iniciador de la vocación textil del rumbo, un hombre que, según la placa colocada por Jorge Enciso hará unos cien años, habría tenido su taller alrededor de 1590 en la descuidada construcción que hace esquina con Mariana Rodríguez del Toro.

¿Será posible que ya desde entonces se haya mercado con ropa de casamiento, bautizo, primera comunión y XV años en estos linderos de la Lagunilla? Esto supondría una industria capaz de sobrevivir a las chorrocientas epidemias que ha sufrido la Ciudad de México desde su transformación de Tenochtitlan a Temixtitan.

En tales reflexiones me distraigo al contemplar hacia fuera. Las empleadas de los negocios fuman ociosas, conversan, ríen con risa de deshilado. Ninguna usa cubrebocas. Desde este aislamiento voluntario que ya empieza a delatar consecuencias (la melena portentosa y algo extraña que no se deja peinar; soportar filias y fobias en torno a la conferencia de las siete de la tarde; la neurosis por el uso creciente de la expresión «en casa», cero mexicana) me fijo en la ausencia de la señora que a diario vende tortitas de nata junto a la puerta de Chile 28. Hoy es el primer día que no se presenta a trabajar. Yo ya había bromeado acerca de que dicha circunstancia iba a representar un hito, el arranque de una nueva etapa en la contingencia.

En eso veo estacionarse una motoneta promocional, de esas que circulan con un anuncio espectacular en el remolque. ¿Quién las permite? El conductor ha decidido que justo ahí donde suele instalarse la dama del delantal y el anafre es buen lugar para difundir su mensaje. Por altavoz. La publicidad pertenece a una casa de empeño. Esta pandemia no se va a parecer a la anterior por influenza.

Mensajes por WhatsApp. Dos personas cercanas a mí acaban de ser hospitalizadas por covid. Inquietarse se vuelve inevitable. Una de ellas pudo contagiar a Fulano, con quien estuve en contacto recientemente y

FOTO 20. *La esquina de Cuba y Chile desde el departamento del autor (septiembre de 2022).*

en consecuencia ya de seguro infecté, sin saberlo, a Menganita y Zutano y sus respectivas parejas y amigos. Y a toda la gente con la que brindé en El Hormiguero, ese tugurio minúsculo que acabo de descubrir en San Hipólito.

¿Debo avisarles? ¿Se atreverán a admitir que están enfermos en caso de estarlo? «No hay quien aguante este olor a fin del mundo».

Durante mis paseos diarios de veinte minutos por las inmediaciones del edificio he tenido ocasión de fotografiar a Julia Klug manifestándose afuera del Palacio Nacional, esta vez con acento norteño, pues ahora su discurso tiene que ver con la cervecera de Mexicali, y verificar lo arboladas que lucen Perú y Apartado, ya sea a pie o en bici y generalmente con una bolsa de pan entre los dedos y el manubrio.

FOTO 21. *El barrio de San Sebastián vacío por la pandemia (mayo de 2020).*

Cada que salgo me pregunto si no seré el único a piedra y lodo en esta parte del Centro, vaya pandemia solipsista. O de diferentes privilegios. ¿Privilegios? Recuerdo a cada rato mis actividades en remisión, sobre todo en las noches. ¿Cómo se supone que voy a enfrentar tanto gasto, tanta deuda? A todos los efectos, un sálvese quien puede. El presidente me seguía en Twitter, quién sabe por qué, ¿y si le mando un mensaje privado? Pero entonces me doy cuenta de que ya me dio *unfollow* y entonces no es posible esribirle.

Camino hacia el Palacio, que queda cerca, y no puedo más de la angustia. Ya no huele a copal en la Plaza Gamio, ningún turista se atreve a recorrer la zona. Ni siquiera los homófobos antisemitas con micrófono afuera del metro Zócalo. Me sorprendo al encontrar una protesta en la entrada por Moneda, todos apelmazados, gritando con las bocas muy próximas las unas de las otras:

—Estamos aquí para denunciar las malas condiciones de trabajo en el ISSSTE.

—Tómele una foto a mi pancarta.

—Yo sé cómo curar el coronavirus, ojalá me reciba el presidente.

Un atardecer color azufre me obliga a hacer visera con las manos.

81

Saludo a una reportera, de esas que siempre salen en la conferencia vespertina. Se le nota halagada de que un extraño la reconozca. Está formada para entrar junto con otros colegas suyos. Le encargo de favor que si puede preguntarle una cosita a los señores del estrado. Pero dice que no hace falta, ella ya conoce la respuesta.

Maldita primavera de moños negros en Facebook, curva aplanada con respecto al hubiera, tarjetas de crédito sobregiradas, *webinars* aquí y allá, organilleros sin chamba.

Mucha solidaridad entre extraños. Y no pocas inquietudes: ¿debería seguir saludando de mano al señor del garrafón y besando las *mezuzot*?, ¿dónde y con qué voy a comprar cubrebocas y alcohol en gel?, ¿hasta cuándo volveré a salir de viaje, subirme al metro, usar calcetines?, ¿a los cuántos meses de no verse los amigos dejan de serlo?, ¿quién será el primero en migrar hacia Mérida?, ¿harán descuentos los extorsionadores ahora con los negocios cerrados ?, ¿acepto o no el préstamo que me ofrece la alcaldía a cambio de un chanchullo que no me animo a emprender?

Somos contemporáneos del bordador Amaya, las mismas tribulaciones.

II

hola yuri este bueno te paso el dato me acaba de avisar su papá de mis hijos que bueno que él conoce a uno de la marina y pues que le dijo que bueno que ahorita le echó un viaje y que le estaba diciendo pues que sí es político o sea que sí es político pero que sí hay un virus yuri o sea que sí están ellos mismos acabando con la gente entonces dice que él bueno le dijo el este hombre de la marina que mañana yuri y pasado empiezan a aventar las inyecciones más fuertes al aire para que ya se empiece a contaminar más gente y ya empiecen a acabar lo más pronto que se pueda con la gente que se tenga que pues que morir no entonces me dice su papá de mis hijos pues que trate yo de cuidarme lo más que se pueda mañana y pasado porque dice que entre mañana y pasado pues se espera lo bueno que en la noche empiezan a aventar las inyecciones más contaminadas y pues como de la marina todos están enterados le estaba diciendo pues que sí es para acabar con sobrepoblación porque sí estamos sobrepoblados del mundo que por eso viene de país en país y pues que ahora le tocó a méxico entonces dice que pues hay que tratar de tener mucho cuidado yuri de andar lo menos que se pueda en la calle o con el cubrebocas y pues dicen que tratar de no salir al aire tener ventanas cerradas y la casa limpia y pues todo eso yuri te paso el dato vale.

III

Preparaba un artículo titulado «Historias de primavera» cuando un par de acontecimientos jalaron mi atención hacia la calle.

El borrador iniciaba así:

> Hasta donde consigo recordar ni siquiera los guionistas de la serie *Years and Years* fueron capaces de anticipar el bajón en el que nos hallamos actualmente. A diferencia de Herbert George Wells en cuya famosa novela de 1898 sí queda patente el poder destructivo de los virus —¿o eran bacterias?— al momento de prescindir de la inmunidad correspondiente. Los clásicos siempre vigentes, justo por eso son clásicos. Recuerdo que *La guerra de los mundos* fue el primer libro que leí de niño.

Enseguida me ponía a hablar de la emisión de radio de Orson Welles de 1938 y las escenas alusivas en *Radio Days* de Woody Allen. Asimismo de Stefan Zweig y su observación sobre el episodio de la Torre de Babel: Dios volviéndose temeroso de que los hombres se hicieran como él, una unidad, y por eso exhibiendo su crueldad fulminante.

Cualquier historia imaginable ya ha sido contada anteriormente, y así cada quien tiene oportunidad de consultar la que más le guste o convenga, ora en busca de consuelo, ora de inspiración, y no solo a manera de distracción, lo que ya sería bastante. Quizá para eso sirvan las narraciones, máxime en este contexto.

El escrito queda inconcluso toda vez que decido asomarme a la calle. Un Centro sin gente, una México insólita. Toca aprovechar el solecito agradable. Es entonces que noto a un perrito extraviado corriendo nervioso por la banqueta de enfrente. Salgo deprisa con la esperanza de

FOTO 22. *La Calle de Madero vacía por la pandemia (abril de 2020).*

acercarme y memorizar el hipotético número de teléfono grabado en la placa de su collar.

Complicado. Luego de un largo rato el chihuahua termina alejándose de nosotros: el policía esquinero, la viandante peripuesta y un servidor en camiseta blanca. Ni modo, hicimos lo que se pudo.

De regreso a mi ventana retomo el gozo de la calle, su dulzona suavidad de licor que me pone a desear las próximas lluvias oblicuas, los gotones pesados como monedas de diez pesos, ventarrones de primavera, pero este año casi no llueve. Poco a poco se va retirando el rectángulo de sol, a la distancia suena un confuso zureo, tan persistente que llega a hermanarse con el silencio, pronto va a anochecer, qué suerte tengo de mirar hacia fuera.

Allá vuelve el perrito, esta vez lo arrincona alguien más sagaz. Mordida esquivada, objetivo logrado, resulta que ni estaba perdido y que vive en el 30 de la calle de Chile.

El suceso permite que me fije en ese edificio neocolonial adornado con azulejos. Faltan el florón de la izquierda y una figura en el nicho. Casi a la altura de mi departamento, un hombre de mediana edad abre su balcón de par en par, coloca un atril y conecta un micrófono a su pequeño amplificador. Y sin preámbulos se pone a cantar. A la manera de los italianos y españoles que tanto hemos visto en las redes sociales. Solo que él solo, como único protagonista. El recital dura unos 15 minutos. Se reúnen aplausos como aves fatigadas.

De ventana a ventana lo entrevisto a grito pelado. Bien pagado de sí me comparte que de ahora en adelante va a deleitarnos con su voz cotidianamente, a las 8 en punto, justo acabando la conferencia que tanto nos agüita de tarde en tarde. Lo piensa usar como un trampolín para cumplir su sueño de convertirse en cantante. «My Way», «La bikina», Creedence, «el gato que está triste y azul / nunca se olvida que fuiste mía», incluso la de «El guardaespaldas», temas por el estilo. Algún día quiere cantar «Granada» como Plácido Domingo.

Se llama Víctor, le gusta el volumen, engolar la voz muy romántico y gritar de lo lindo, aun a la hora de ensayar («Ey, sí, uno, dos, sí»). Quiere ser famoso. Tal vez se aburre un montón. Estará muy solo.

Dos mañanas después le marco por teléfono:

—Era la primera vez que canto delante de otros luego de cuatro años de estudiar música, mi mano izquierda hasta me temblaba de los nervios.

—Esto es lo mejor que me ha pasado en la vida, una gran oportunidad para dejar de ser un esclavo del capitalismo.

—Yo crecí allá en Xalostoc, en Ecatepec, tuve una infancia con carencias, pero fue una infancia feliz.

—Una frase negativa es más fuerte que una positiva, por eso es mejor no quejarse.

—Yo no veo esto como un encierro, ¡es la libertad!

Ha pasado casi un mes. Ya no lo oigo ni se asoma por el balcón. Andará más ocupado con dar sus clases de inglés, otro proyecto suyo en lo que decide lanzarse al gabacho a probar suerte (lo que finalmente cumplirá en este mismo 2020), de ambulante ya no se puede.

Un ladrido me saca del marasmo de la escritura. Pienso que Zweig se equivoca, que Dios no tiene miedo de la unidad de los hombres. La inspiración vive en la calle, donde feraces historias prosperan.

IV

—¡Cuántos cubrebocas y qué bonitos! ¿Qué dirección es aquí?

—González Obregón 13.

—¿Y cómo se llama esta tienda?

—No tiene nombre.

—Qué lástima, me gustaría recomendarla en Twitter.

—Bueno, se puede llamar La Casa del Cubrebocas. Sí, así se llama.

V

Estamos en Alerta COVID-19. Tenemos 78% de ocupación hospitalaria. NO FIESTAS, NO REUNIONES FAMILIARES. QUÉDATE EN CASA. ES RESPONSABILIDAD DE TODOS. Gob. CDMX.

VI

Ahora sí ni un ruido en la calle, tampoco paseantes, el puesto de periódicos por fin cerrado. Es Jueves Santo, los negocios que atienden a media cortina hoy de plano no abrieron. En la tele, la Pasión de Iztapalapa (¿seré yo acaso, *rabí*?). Muchos capitalinos de vacaciones, otros colmando las

EVITA LAS TRES C

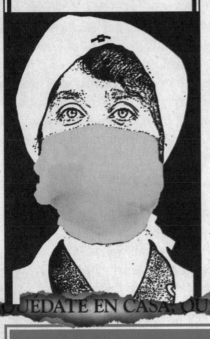

Espacios **cerrados** poco ventilados

⬥

Lugares **concurridos**

⬥

Contacto **sin sana distancia**

QUÉDATE EN CASA, QUÉDATE EN CASA, QUÉDATE E

RECOMENDACIONES GENERALES

No te automediques

Usa cubrebocas dentro de tu casa

No toques ojos, nariz y boca

Si estornudas utiliza el ángulo interno de tu brazo

Deposita los pañuelos usados en una bolsa, ciérrala, desinféctala e identifica la bolsa con la leyenda:

Residuos sanitarios

pescaderías de la Viga. Por lo visto se respetan más los usos religiosos que las recomendaciones gubernamentales. A excepción, claro, de los albañiles en los bajos de mi edificio. Esos nunca descansan, encerrados los pobres y perdiéndose del canto cada vez más nítido de los pájaros. «La Patria es impecable y diamantina» y un inmenso taller de soldadura, ¡épica sordina! No cesan ni siquiera de noche. ¿Será que desmotivan a la Llorona, que por fin se animaba a salir? Un amigo del Segundo Callejón de San Juan de Dios, en la colonia Guerrero, asegura haberla oído de madrugada. Yo también, durante la cuarentena, he llegado a despertar de súbito por los sollozos de una mujer o de un niño en lontananza, ¿violencia doméstica? También oigo cánticos, como en un patio de recreo, pero ¿a las tres de la mañana?

VII

Primero de enero. Me sabe rara la lengua, como a exceso de Listerine. Bien pronto se me olvida. Pasan los días, las semanas y llegan otros síntomas: fiebre, cansancio, falta de apetito, estómago frágil. Así como aparecen, desaparecen. El Paracetamol ayuda. La Ivermectina parece que no. De golpe y porrazo un salpullido como un fantasma que recorre mi cuerpo con rapidez, parte por parte: de la muñeca a la axila, de la axila a la cabeza y de ahí a los tobillos. No regresa por donde ya ha pasado, al menos no en las siguientes horas. Un ojo se siente caliente y acto seguido es el otro. Al pasar por los labios, estos se resecan bastante. Comezón como de varicela, una varicela móvil que acaba por instalarse unos días. Por suerte la oxigenación no cae ni regresa la temperatura. Comoquiera es tan incierto todo y tan oscuramente repentino que no resulta difícil asustarse en las noches.

VIII

Mira, llegó a México, llegó la novedad, es la nueva, la nueva vacuna, covi 19, mira, directamente de Rusia, va calada, va garantizada, mira, diez pesos te vale, diez pesos te cuesta, es la vacuna, vacuna covi 19, o si bien lo prefieres, mira, llévate el paquete, paquete de dos vacunas, dos vacunas covi 19 más el algodón, algodón absorbente, mira, a veinticinco.

IX

Desde entonces en la conciencia de estas rúas céntricas, fiestas feministas afuera de la presidencia de Derechos Humanos (el edificio tomado, la institución en absoluto), donde alguna vez han bailado «Payaso de Rodeo», lo que no permite concentrarme en el Netflix oneroso y puritano, los *reels* de Paco de Miguel en Instagram ni las *apps* para conocer gente (próxima reunión solo por invitación, 7:00 p. m., Ecatepec, cerca del metro Azteca, reuniones semanales todos los sábados, pide más info, dinámicas, juegos, retos, cuarto oscuro, bebidas, comida, todo en un buen espacio cómodo y seguro para pasarla increíble y conocer amigos, info solo con foto), a la que igual nunca voy a conocer y ahora menos: puros osos. Ambulantaje sin cubrebocas ni libertad de movimiento, sacrosantas reglas que toca respetar, no vaya a ser que… Niños descuartizados de madrugada en la calle de Cuba, chillando como en un patio de recreo en lontananza. Adiós al Café Río y también al Trevi y a la cantina La Vaquita porque el Centro ya no es para gente del Centro. El Go Bar, por su parte,

FOTO 23. *Toma de la presidencia de la Comisión Nacional de Derechos Humanos por un grupo feminista (septiembre de 2020).*

abierto, abiertísimo (con ubérrimo *dealer* a la puerta del baño), lo mismo que el Teatro Garibaldi y las caguamas dominicales de Tepito (descanse en paz don Alfonso Hernández y días después don Enrique Fuentes Castilla), el narco no descansa, mucho menos en pandemia, y a falta de La Puri y como complemento del Rico (calcomanías en las cámaras del teléfono) «que levanten la mano los bellacos», aleteo incesante, «todavía me acuerdo de ti», ¿podré?, ¡jamás!, «era feliz en su matrimonio», limpiarse el vómito con un cubrebocas, ¿sabías que a una gringa le dispararon en el muslo nomás por meterse aquí?, «diario va a los bailes y se compra una botella». La generación de cristal, *ese* cristal. «Oficial, se cancela todo, regresamos a la putería» y a la Tacha Sudada, al corrido tumbado, a las Dolls y a «la mamá, de la mamá, de la mamá, de la mamá». Tepito bufa cabrón.

Desalojos ilegales. Basura electoral, ya no hay gobierno, solo políticos (salvo uno, en Palacio). Volanteros del metro Allende violentados por no pagar su *piso* puntual, cada vez más guapillos o *castineados* y de variopinta actividad. Nenis entregando mercancía en los torniquetes o debajo el reloj en los andenes. Reencarpetamientos en Brasil, Tacuba y Chile y otras prebendas para el automovilista ocasionando una continua y atufada congestión vehicular, ¿para qué tanto claxon?

Restaurantes privatizando las banquetas, ¡total!, *Mexico is so cheap*, turista-sex-tranjeros, paseando con despectivo estupor, sin saber qué mirar y sin usar cubrebocas porque pueden y al final los policías son edecanes del espacio público. El campamento de Frenaaa en el Zócalo y los triquis frente al Guardiola, pura guerra florida. Puro día enmascarado.

X

Vacunación eficiente y muy bien organizada en la Biblioteca Vasconcelos. «At first I was afraid, I was petrified». Reacciones: dolor en el brazo, febrícula en las orejas y dolor en el pecho al día siguiente mientras visito el museo comunitario de San Miguel Teotongo en el país iztapalapense. Volver a usar la ciudad y hasta el metro, aunque ya nunca el cine. Es domingo 27, Javier Marías escribe en su columna que va a echar de menos que nadie lo moleste para proponerle tonterías. Un poco de fiebre y SARS-CoV-2 bajo la lluvia de junio. Desde lo alto contemplando la ciudad hacia el oriente:

—A raíz del terremoto del 85 toda la zona del Bordo se fue transformando por el cascajo que se llevaron allá, lo que hoy es Ciudad Jardín, la Escuela de Policía, los tribunales. Antes la gente se ponía a vender acociles a orilla del lago y carpas y truchitas.

En mi corazón una lección aprendida: divertirse como acto de rebeldía. Pero ¿en qué momento se acaba el covid? ¿Y qué es la diversión y cuál su etimología?

Los 76 días

El cerco de México Tenochtitlan, que unos comparan con la destrucción de Jerusalén en el año 70, sobreviene por medio de atacar con bergantines y controlar los puentes de las calzadas. Nadie entra ni sale y se interrumpe el flujo de comida y agua potable. Es así como la tropa cortesiana, a cargo de los lugartenientes Alvarado, Olid, Sandoval y Tapia, consigue hacerse de la vigorosa capital mexica, pese a resistir esta y defenderse bravíamente durante 76 días.

Un buen número de habitantes muere de hambre, sed y enfermedades de importación hasta que al fin Cuauhtémoc sucumbe ante García Holguín en un barrio de Tlatelolco, donde hoy está la iglesia de la Conchita, a eso de las tres de la tarde del martes trece de agosto de 1521. «El hormiguero hace erupción». Principia el tequio.

Cuauhtémoc llora su suerte y pide que ya de plano lo maten. Tecuichpo, su esposa, impertérrita sin delatar ninguna vergüenza. Cortés ya echándole el ojo, y Hernández Portocarrero a doña Marina. El poeta Quecholcóhuatl mira al par de soldados, probablemente, aunque quién sabe si este se encuentre presente en la capitulación del *tlahtoani* (en la azotea de Amaxac, tal vez en la esquina norte poniente de las actuales Santa Lucía y Constancia, en Tepito, así lo atestigua una placa de 1921). La Conquista, un ligadero.

Se ofrecen palabras de amistad, pero es una amistad de mentiritas. Esa noche llueve recio.

Durante tres jornadas consecutivas, de día y de noche, las calzadas se llenan de criaturas tan flacas y amarillas y sucias y hediondas que a Bernal le da lástima ver. Los que sí logran salir. Porque de aquellos que no, inermes y sin fuerzas ni para moverse de sus casas, emana «una suciedad como echan los puercos muy flacos que no comen sino hierba».

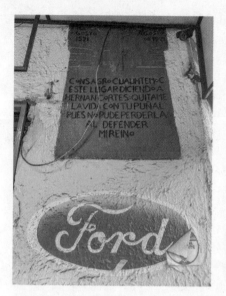

FOTO 24. *Placa centenaria en la esquina de Constancia y Santa Lucía, en Tepito (agosto de 2022).*

«Se nos puso precio. Precio del joven, del sacerdote, del niño y de la doncella. De un pobre era el precio solo dos puñados de maíz, solo diez tortas de mosco»,[13] relata un tlatelolca anónimo en 1528. También alude a las mujeres que quedaron casi desnudas y a quienes cristianos abrían las faldas para pasarles la mano. Cretinos de la Cruzada del Anáhuac. «El que era gran capitán no lleva sino andrajos»[14] y del vencido se burlan el habitante del Acolhuacan y el otomí. Y los matan a traición.

Nunca jamás hizo capitán con tan chico ejército tales hazañas, exagera López de Gómara, que ni en América estuvo. Se refiere a Cortés, evidentemente, al que luego Miguel de Cervantes Saavedra no dudará en comparar con Julio César. Supongo que se trata de elogios.

A partir de entonces o fenece la ciudad o evoluciona en una distinta, que lo decida el lector. ¡Bárbaro mundo!

---

[13] Miguel León-Portilla, *Obras de Miguel León-Portilla. Tomo XIII. Visión de los vencidos: relaciones indígenas de la conquista/El reverso de la conquista: relaciones mexicas, mayas e incas*. México, UNAM-Instituto de Investigaciones Históricas y El Colegio Nacional, 2013, p. 163, en <https://historicas.unam.mx/publicaciones/publicadigital/libros/obras_leon_portilla/599/599_05_17_visionconjunto.pdf>, consultado el 5 de octubre de 2022.

[14] *Ibidem*, p. 67.

La ciudad de los terremotos

La bocina de la Estética Francia no permite que se oiga la alerta sísmica durante el simulacro. Dos horas y pico después, el movimiento ecolálico. La mesa como queriendo saltar y asimismo la computadora. ¿Qué toca? Tomar las llaves y el teléfono, salir en *pants* y camiseta, Pirruño y Pollito galopando por la sala con la cola esponjada, dejo la puerta entreabierta por si necesitan escapar. «Construção» de Chico Buarque sonando indolente desde YouTube.

—¡Dios mío, por favor ayúdanos!

Muy difícil bajar la escalera, la vecina de abajo trabada del susto en un rellano, detrás el marido con la pierna enyesada sin poder caminar aprisa.

—Ya está dejando de temblar —procuro animarlos. Pero no es cierto.

Antes, en el umbral de su departamento, veo a Rodolfo apoyado en el marco de su puerta, sentado, como intentando sostener un muro con las puras manos y su espalda.

Una vez en la calle me dedico a observar a la gente. Un señor sujeta a un niño de la muñeca, quietos los dos, la mirada extraviada. Otro finge leer el periódico, como intentando convencerse de que nada grave está ocurriendo. Un cocinero con delantal rojo escudriña el cielo malteado y a un lado suyo un hombre de mediana edad blande un teléfono como la palma del martirio.

Una mujer se palpa los labios con los dedos. Jóvenes corre que corre, quién sabe hacia dónde. Un hombre sin edad ni camisa, cariátide de carne afuera de un edificio; no se me olvida su atolondrado gesto. ¡Cuánta gente sin bañarse a la una y pico de la tarde!

El sabor del metal en la boca, mucho más que en el último sismo de hace apenas unos días; ese nos agarró de noche con los dientes lavados.

No consigo enlazar ninguna llamada, así que tuiteo: «Estoy bien. Pero se necesita ayuda en República de Cuba 86». Mensaje precipitado, resultado del estupor de tanto mueble y vocerío saliendo del caserón colonial y hasta un perro color tezontle en los brazos de uno. El *tweet* recibe suficiente atención, más tarde lo termino borrando, no es este inmueble el que necesita ayuda, es la ciudad entera. Una polvareda a la altura de los Portales de Santo Domingo. Vidrios rotos en la esquina con Palma (allí quedarán expuestos a lo largo de varios meses sin siquiera una barrida).

El terremoto ha terminado. Pudo ser peor. El hubiera sí existe y es terrible.

Subo a la casa a calzarme y cerrar la llave del gas. Los gatos otra vez como si nada. Gracias al Wi-Fi entro en contacto con mis familiares y amigos.

Recibo mensajes: hizo erupción el Popo, se cayó San Francisco de Puebla, ya no existe el Edificio Río de Janeiro, ¿hemos perdido el reino? Me suelto a llorar. Toca recoger los libros caídos del estudio, las lámparas del techo aún balanceándose, ni al caso meterme a bañar, mejor salir a andar por las calles. Solo hay que cargar el teléfono.

Y atravesé la calle con mi paso tímido.

El corazón galvanizado, me detengo en el Archivo Histórico de la Ciudad de México en cuyo recibidor tres estudiantes gritan bajito que acaba de caerse un edificio en Ciudad Universitaria. Más bulos. La cabeza de la victoria alada, la original, detrás de nosotros. Intercambiamos números de teléfono por lo que se pueda ofrecer. ¿Qué se nos puede ofrecer? ¿Nada, nadie?

Piedras en el atrio de la Catedral, una de las esculturas de Tolsá, nada menos, la Esperanza con su ancla en la superficie. Rostros amondongados contra la reja. Sin novedad el puente del Templo Mayor, tampoco el Salón España parece dañado.

Me dirijo rápido a la Alameda.

Algunos se ríen o hasta besuquean en las bancas de piedra, de piedra ha de ser la cama de más de uno en estos momentos. Pienso en el 19 de septiembre de hace 32 años, yo era un niño de kínder con un huevo frito en la mesa, no recuerdo más.

Me interno en la Guerrero. Lerdo y Magnolia. Desmoronada una casa, afuera el único habitante, la maleta entre las piernas, dice que espera instrucciones de parte de Protección Civil. Uno aprovecha para mostrarle un video de un edificio viniéndose abajo, se supone que en la zona de San Camilito, y un grupo alrededor miramos con la mueca de quien exprime un limón en su boca. Media sonrisa, brazos en jarra, incrédulos todos.

Plano secuencia por Reforma. Más peatones de lo habitual, quizás el transporte público no funcione normalmente o puede que desplazarse a pie sea una manera de aliviar el trauma, sobre todo entre los turistas atónitos con su equipaje rodando tras ellos, ¿quién va a querer volver a su hotel?

Los ojos embotados de cemento y lágrimas.

FOTO 25. *El Museo Nacional de Arte minutos después del terremoto del 19 de septiembre de 2017.*

El Moro afectado, qué miedo la mole del SAT, vidrios rotos sobre la banqueta de Lafragua. Andar mucho. Quedarme sin pila.

Amistades en Guadalajara y Chapultepec, entre ellos un israelí recién aterrizado, el *roommate* de alguien, hablamos por los codos, *kol beseder*, *kol beseder*. Compramos agua para refugiarnos en el departamento de Aldo en Berlín 38. No hay agua ni luz, cargamos nuestros teléfonos en su compu.

Canto de sirenas. Creemos comprender la magnitud del desastre. Pero Twitter es verbo no sustantivo (así, sin coma). Luego de un rato, de noche, nos lanzamos al Pushkin repleto de gente. Medicinas y un pico sin usar, ¿por qué mi amigo guardaba uno?

En Orizaba un trozo de escuela ha invadido la calle. En el cruce de Álvaro Obregón y Yucatán se oyen gritos, necesitan Ketorolaco inyectable, pensamos en el Sumesa de Oaxaca o el Superama de Michoacán, pero ambos cerrados, por los saqueos, me explican. Más voces que piden polines, palabra novedosa que se vuelve común esta noche.

México y Sonora, un edificio amolado, una pareja con bebé, ellos viven ahí, ofrecemos ayuda, pero no, muchas gracias. Rescatistas uniformados. Audios por WhatsApp, demasiados. Nos cruzamos, sin reconocerlo al principio, con el flautista Horacio Franco, nos enteramos de que en la calle de Laredo existe riesgo de colapso. A Aldo y a mí no nos para la boca. La pesadumbre.

Llegamos al Foro Lindbergh, nombrado así en honor a un antisemita en el corazón de una colonia suficientemente judía. Luces de linternas evidencian la oscuridad con un mayor dramatismo. Coloridas tiendas de campaña pronostican una noche inusual. Una mujer de mediana edad reparte sándwiches y té. Comemos los nuestros, luego ayudamos a regalar. Sin las orillas el pan.

Leemos que en Atlixco 94 van a instalar un centro de acopio, para allá vamos, pero no hallamos a nadie. Mejor volver a Ámsterdam para cargar agua embotellada hasta la glorieta de Citlaltépetl, tapando la nariz y boca por el tufo a gas, y luego al Parque España, donde llenamos camiones con víveres hacia la colonia del Valle.

Alguien se queja de no poder fumar, escuchamos que la fiesta de Maco no se cancela. Una española se pregunta por la presencia del gobierno.

Otra vez en Yucatán y Obregón. Por supuesto sin el Ketorolaco urgente. Un ejército de figurines de PET aguarda afuera de un banco cercano, nos unimos en cadena humana, aquí nadie es jefe ni gobierna el apedillismo, cosa rara en la Romacondesa.

Es momento de sentarnos, son las 11, seguimos sin hambre, a veces vemos a alguien y hablamos sin ganas. ¿Qué hora es? Ya vamos de regreso a la Juárez. Por Colima y aledañas reparamos en edificios irreparables, como el de la tienda de ropa usada Goodbye Folk.

Las *fake news* no andan en burro, lo bueno es que ya empiezan a aclararse: sí se desplomó San Francisco, pero solo un pedazo, pobres poblanos. Igual las torres de los Remedios, en Cholula.

Ya hay nuevas catástrofes en Coapa y División del Norte y Xochimilco y a saber dónde más, esto apenas comienza.

Caminamos por Marsella. Nos alcanza una amiga que tiene el impulso de llorar, igual que nosotros, pero procuramos contagiarnos ánimos. Pido mi Uber, el conductor lleva toda la noche ayudando, vive en Toluca y no tiene dónde pernoctar, yo le propongo mi casa, mas dice que no puede, anda demasiado consternado y prefiere seguir trabajando. Ni al caso un «que así estuviera siempre, joven».

Oteo desde Facebook, ya hay gente jalando agua para su molino, que se note que ayudan, no sorprende, al fin de eso esa tal red.

Cruzo la puerta, me da un mareo, me cambió la vida, me la paso *scrolleando*, todos haciendo lo que podemos, un ladrido y me incorporo, pasa un camión y ya siento que debería ponerme a correr hacia el baño, zona segura según leo.

En el alba sucia me cuentan de los voluntarios en Torreón y Obrero Mundial que se roban las pertenencias de los desalojados.

Vuelvo a la calle, llanto en los vagones, me bajo en Sevilla, qué impresión la muchedumbre en Salamanca, voces en cuello, las bicis, el tilichero. A Medellín y San Luis, necesitan ayuda, mucho casco y chaleco de ciclista en la Cibeles, me doy cuenta de que solo vengo a estorbar, cuánta impotencia. Alcanzo el Condominio Insurgentes y entonces juzgo más útil que me regrese a mi casa. Afuera del Four Seasons gritos y llanto, pero es por un famoso que aborda una camioneta. Motociclistas a gran velocidad cerquita del Ángel.

Me siento a descansar como si fuera sábado.

Hablo con mi familia, se me escurren las lágrimas.

Vuelvo a la casa de Aldo, en la Juárez, allí se juntan amigos, vemos la tele, la historia de la niña Frida Sofía nos mantiene sedados, sospechamos del apellido Dithurbide, pizza y cerveza, por unas horas se nos olvida el pasmo.

Anochece. Principia el año 5778 del calendario judío. Siguen cayéndose edificios. Una amiga toca el timbre, que si nos vamos a Jojutla el fin de semana. A ayudar. Mejor no, por las condiciones de la carretera. Me quedo dormido leyendo a Aleixandre.

Al día siguiente amanece escrito en mi alma, de blanqueadas y encaladas paredes, papel de necios donde buenamente se puede escribir con carbones y otras tintas: «Ah, qué inmenso cuerpo posees», ciudad, país, corazón. «La palabra suena en el vacío y se está solo».

La Conquista que no termina

Hasta aquí el relato de la Conquista a muy grandes rasgos, un relato que no para de moverse. La conquista del Anáhuac. Lo que irá ocurriendo con el resto del territorio es obviamente distinto según el caso que revisemos. Por ejemplo, con los purépechas es el millonetas *cazonci* el que decide pactar con los españoles. Los llamados grupos chichimecas suponen un tema aparte, bien complejo, lo mismo que la Sierra Gorda, donde el proceso de colonización no se dará realmente sino hasta bien entrado el siglo xviii. ¿Y qué tanto sabemos de los mayas y sus condiciones históricas que dieron pie a la Guerra de Castas tres centurias más tarde? Para entender la Nueva Galicia, por su parte, habría que ponerse a estudiar la Guerra del Mixtón, el descubrimiento de las minas zacatecanas y la fundación de haciendas y poblaciones en la región… Y así sucesivamente.

Del TLC a la narrativa
del caso México Tenochtitlan

L a adolescencia no fue tanto una etapa como una ciudad. Tan
caliente Aguascalientes que bien pronto terminó de evaporarse
allí mi pubertad. Durante los primeros años del Tratado de Libre
Comercio, cuando el maguito de Sonric's se vio súbitamente forzado a
convivir con el chicle de Popeye, y los cereales importados con sus primos
pobres Maizoro. La tensa paz entre el Price Club y Julio Regalado.

El norte de la ciudad experimentaba un singular proceso de *satelu-
quización* que con el tiempo se convertiría en una *sanpedrización*, mucho
más coto que cotorreo. Pachorra de suburbio gringo con tufo a paella
los domingos. En la planta baja de Torreplaza abría sus puertas el primer
Sanborns, que muchos dieron en llamar *Sangrons*. Hoy el local lo ocupa
un gimnasio desprovisto de atmósfera.

Agüitas que en ocasiones agüita bajo sus orondos atardeceres gris
rosáceo. *Ciudad bella, hermosísima maga*, linda cruz, síndrome de Stendhal
al revés.

La calma sorda apoderándose de las calles, un solazo helado abofe-
teando a los escasos viandantes sobre Avenida Universidad, usualmente
chapeteados y con los poros secos. El sandio resol de la Cuaresma. En la
casa Televisión Española, no se apagaba nunca su voz, tierna y acogedora
como un nido, la tarde sobre mi madre, el doblaje de Los Simpson, el
tiempo en que estoy queriendo. Saber y ganar. Esta canción durará por
siempre, como los discos.

El Aguascalientes de las haciendas aún latiendo con fuerza, con todo y su JM Romo, la Avenida Circunvalación y el montón de inmigrados del INEGI. Alto contraste, como en grabado, días de león buscando posada. Pero al cielo añil, como recién lavado de la ciudad —la imagen se la debemos a Enrique Fernández Ledesma— nada de aquello parecía importarle.

Arturo, Julián y yo. Los típicos pubertos de Bosques y Pulgas Pandas, fraccionamientos de moda, de novedad, de marcos y molduras dorados. De chacharitas, más que de fayuca. La murria del tirol planchado, los japoneses y el ratán todavía. A un paso de la Fátima lomilarga y su vespertino, viperino, olor a rastro doloroso.

A Arturo se le ocurrió que nos reuniéramos en Sanborns diario, como su papá y sus tíos. Después de comer y hacer la tarea. Total, nos quedaba caminando. El café a siete pesos, bendito *refill*, las meseras seguro odiándonos, merecían más propina. Abusábamos de los vasos de agua, esa agua dura que unos vinculan, por sus efectos en el cerebro, con el fenómeno del suicidio, tan extendido últimamente (yo más bien con el Detroit que se viene, cuando se agoten los pozos). También compartíamos una o dos piezas de pan dulce.

Con Julián y Arturo me hice grande sorbiendo café, reborujando sueños.

Desde otras mesas, señoras riquillas con sus caras de Isabel la Católica mirando semidesérticas, proyectando su luz sobre nosotros. Mujeres que echaban mano de tres tipos de prosperidad: tenencia de tierras, burocracia o lavado de dinero. *Pos sabe.*

Tramábamos un plan, escaparnos a vivir a Sacramento. Ocurrencia de Arturo, líder del grupo, protagonista de su propia película, en su mente una de Steven Spielberg, pero era más como de Jaime Humberto Hermosillo. Nos iríamos de aventón, adiós al colegio del Opus que de todos modos ni nos iba a servir de nada, trabajaríamos duro y así podríamos seguir viéndonos cada tarde con suficientes tlacos en el bolsillo. Arre, Lulú.

De la casa de la calle Sierra Rumorosa no me llevaría nada. Al menos, así creía yo entonces.

Había que organizar todo bien. Perfeccionar nuestro inglés. Yo ya lo hacía con mis revistas inglesas, súper caras, que venían con un casete o CD de regalo. Llegaban con meses de retraso, igual que la Rockdelux de España. Yo me dedicaba a hojearlas, de pie, al grado de llegar a apren-

FOTO 26. *Participante de la danza de indios de Mesillas, en Aguascalientes (marzo de 2022).*

derme las reseñas de los discos, las entrevistas con los grupos. Mis papás me compraban alguna de vez en cuando. Era mi internet antes de internet. Eso y la onda corta.

Al final Arturo sí se fue a California, y aunque terminó regresándose pronto ya era difícil que nos volviéramos a frecuentar. El edén subvertido. Yo ya había empezado con las obleas con vino, la cólera sorda. Pálidos tiempos de acné y acrisolamiento sentimental que a la distancia no soy capaz de juzgar.

La construcción de una nación

Y es que la idea de país unificado solo empieza a proyectarse en las mentes criollas, por ejemplo jesuitas, varias generaciones después, previo al movimiento insurgente, para terminar consolidándose a lo largo de la primera parte del siglo XX en las épocas de Calles y Cárdenas. Una nacionalidad se construye de a poco, y a diferencia de la identidad puede que solo sea posible implantarla a través de la fuerza y el adoctrinamiento, de ahí tanto figurón estatuístico, de piedra o de bronce, carente de alma, tanto masiosare o defensor, da lo mismo, pura guerra y ya ninguno respira. Pero concentrándonos ahora mismo en el caso de México Tenochtitlan, tenemos frente a nosotros una interesante narrativa, un alambicado guion.

Desde el supuesto «en vuestra casa estáis» de Motecuhzoma, teñido de mansedumbre, hasta la feroz Noche Triste que ahora han dado en llamar Victoriosa, dando a entender que el triunfo es lo contrario a la aflicción. ¿Lo es? Puro *Schadenfreude*, más bien. Desde la actitud brava de Pedro de Alvarado hasta el carácter más o menos conciliador de Hernán Cortés. Y luego está doña Marina, ¿fue esta una traidora?, ¿una traidora de quién? En cualquier caso nunca tanto como el pérfido Hernando Ixtlilxóchitl. Pero a él nadie le pone la proa, será la dificultad de pronunciar su nombre de hombre, nombre de flor.

De los tlaxcaltecas ya hablaremos en otra ocasión. *Spoiler alert*: nadie puede traicionar a un tirano. *Plot twist*: uno de los sesenta municipios de Tlaxcala recibe desde hace tiempo el nombre de Españita, nada lejos de San Vicente Xiloxochitla, supuesta cuna del taco de canasta. ¿Por qué a los tlaxcaltecas no les va mejor en la historia?

A quien mucho ayudares
y no te lo agradeciere,
menos ayuda tendrás de él
cuando a gran honra subiere.[15]

¿Verdad que sí? Ya puestos a preguntar, ¿por qué tendrían que existir los países? ¡Cuánto dolor se ahorraría!

Caravanas migrantes

—Lo que más se nos antoja es un pollo.

—¡Pero si acá enfrente hay taquerías!

—Pero es que ya estamos hartos de tantas tortillas, nosotros preferimos algo que nos llene, no hemos comido nada desde esta mañana.

Cómo no acompañar a estos *catrachos* temerosos de nuestras calles desconocidas, o a lo mejor demasiado conocidas por su inseguridad. Hace unos instantes un señor todo de blanco les proponía que se fueran a vivir con él, prometiéndoles trabajo, comida, en fin, cualquier cosa que ellos necesitaran. Desde luego recelaron. Pero el mexicano duro y dale, no ven cómo vengo vestido, soy una persona decente, etcétera. Aún peor. En un tris se me acercaron a mí como solicitando protección. Yo debería hacer más por ellos, de momento toca guiarlos por la colonia Ignacio Zaragoza en busca de una rosticería.

Tras salir de Ciudad Deportiva y caminar cuatro o cinco cuadras, damos por fin con un Pollos Ray. La fila es larga, la mayoría hondureños al igual que ellos. A ninguno le gustan las fotos ni que los graben, es natural, más vale andarse con cuidado, algunos vienen huyendo. Tampoco quieren compartir sus nombres, o será que no les pregunto.

—Lo que más extraño son las baleadas.

—Yo también.

—Y yo.

Pero esta noche toca pollo y con suerte también las que faltan hasta conseguir entrar a Estados Unidos. ¿Y si no pueden? Dios es más poderoso que todas las armas que ya les andan preparando allá, confía uno. Pasamos por una tortillería sobre la calle 39, donde los empleados los

---

[15] Don Juan Manuel, *El conde Lucanor*, Madrid, Castalia, 2010.

convidan con un kilo frío, es el único que les queda. En otra esquina un par de jóvenes reparten galletas caseras.

En la acera norte del Viaducto llega el momento de despedirnos para siempre, el dolor en los pies, el corazón aflojado. Frotándose las manos los tres por el frío a medida que sortean varios coches hacia el campamento iztacalquense.

El resto de la semana no dejo de pensar en la mirada traviesa y benevolente del hombre, los ojos sombríos y precavidos de la mujer y el gesto candoroso del niño flaco, se diría sin edad, como en permanente azoro, esperemos que pronto consiga la pelota que tanto anda pidiendo. Una familia sin serlo, fundiéndose con otras en intimidante horda, un éxodo de miles por esta inhóspita capital mexicana: la primera caravana migrante de 2018.

Viejos amigos nuestros que ya ubicábamos de la salida de Egipto, la Tira de la Peregrinación, el buque Sinaia.

2021: ¿Conmemorar qué?

Actualmente constituye una tarea harto difícil desentrañar tanto asunto, tanto personaje y significado, y esa es precisamente la oportunidad que nos brindan a todos, no solo a los historiadores, estos 500 años que recién se cumplieron en 2021. ¿Quién debería conmemorar y quién lamentar? ¿Conmemorar qué y lamentar qué?

Los mexicas de 1521 vaya que tuvieron razones para sollozar su conquista: «Hemos comido palos de colorín / hemos masticado grama salitrosa / piedras de adobe, lagartijas, / ratones, tierra en polvo, gusanos».[16] El expresivo canto es de 1528, año en el que nuestra urbe recibe su título de ciudad.

Pero los mexicanos no somos mexicas, ¿cierto? Del mismo modo que un español difícilmente puede identificarse hoy con un tartesio o un turdetano, mucho menos con los conquistadores del XVI, esos se parecen más a nosotros, y no es correcto que uno se ensañe con España ni esperar un perdón de su parte: como ha dicho Tomás Pérez Vejo en la revista *Letras Libres* de julio de 2021, la hispanofobia no es un problema de España con México, sino de México consigo mismo. «España en este conflicto es solo

---

[16] Miguel León Portilla, *Visión de los vencidos*, México, UNAM, 1982, p. 154.

un convidado de piedra». Además de que España no son los españoles, ni en este siglo ni en cualquier otro.

Por otra parte, el mexicano nunca ha sido mitad español y mitad indígena, ese discurso va en menoscabo de nuestra propia diversidad, principal riqueza y guapura de la nación. Más bien descendemos étnica, cultural y moralmente de muchos otros grupos. Amuzgos, catalanes republicanos, asturianos franquistas, matlazincas, italianos del Véneto, mixtecos, gente de diferentes regiones de África, mayos, barcelonetas, pueblo kikapú, población rom y caló y ludar, purépechas, otomanos de religión judía o no, yopes, austrohúngaros variopintos, chocholtecas, el pueblo zoque, Estados Unidos, Centroamérica, Perú, Argentina, menonitas, chinos y, en fin, un amasijo en una misma vasija. ¿Un soldado en cada hijo también?

Mezclados o poco mezclados, da igual. Si lo pensamos bien, ni siquiera tendríamos que estar hablando de etnicidad. Asegura un proverbio que

FOTO 27. *Conmemoración por los 500 años de resistencia indígena, en el Zócalo, el 13 de septiembre de 2021.*

todos somos hijos de Eva y solo nos diferencia la seda. Era para que ya dejáramos en paz lo de la pureza de sangre, qué lata tener que aclararlo, pero cómo rebrota de tanto en tanto la manía entre las buenas conciencias. Tanto hablar de razas solo conlleva a exaltar una u otra (oprimidas u opresoras: todas cósmicas, cómicas), según es típico en el pensamiento fascista.

¿Existe alguien más mexicano que otro? Pregunta peligrosa.

HAY EN LA CALLE de Cuba un hombre imperfecto, poco recto, temeroso de Dios y propenso al mal que esta tarde se dirige en metro a la sinagoga de 5 de Febrero. La Ley Judía así lo permite, y no que sea un obser-

105

vante escrupuloso del *Shabat,* pero igual le gusta llegar en metro al *shul* porque así resulta más cómodo. Desde Allende hasta Viaducto en cosa de veinte minutos y eso porque el convoy va deteniéndose a cada rato, más de medio siglo de este Sistema de Transporte Colectivo y muchos seguimos sin saber por qué pasa esto.

Pese a incorporarse con retraso a los rezos, sí alcanza a recitar el *Shemá* y la *Amidá,* con él suman diez varones mayores de 13 años, los necesarios para decir *Kadish.* Las mujeres, sentadas aparte: inveterada costumbre de la ortodoxia. Muchos solo se ponen la *kipá* al ingresar al templo, por desgracia el antisemitismo no ha escaseado en estos tiempos de moral pirrónica, tuitera, reaccionaria encubierta.

Los judíos no son tanto odiados por *matar* a Jesús, sino al haberlo generado, opina Freud. ¿Aplicará actualmente en la Ciudad de México?

Desde la *bimá* alguien desmenuza públicamente la porción bíblica de la semana. Después un anuncio: pronto serán las Fiestas Mayores y habrá que pagar para adquirir un boleto, nadie se va a empobrecer con el importe, el cual sirve para cubrir las necesidades básicas de la comunidad.

Preparar la cena de Rosh Hashaná, eso tiene un costo aparte. Pero «la cuestión monetaria no es nuestro lazo, sino el corazón y la boca».

La sinagoga de la colonia Álamos asombra al primerizo que no puede imaginarse la belleza que le espera al cruzar por sus puertas: piso ajedrezado, un enorme candil, mobiliario de madera, y al fondo a lo alto un candelabro de siete brazos con sus respectivas flamas de neón. El estilo arquitectónico del *shul* está inspirado en una población de Lituania, a decir de Mónica Unikel en el libro *Sinagogas de México* (Fundación Activa, 2002), en el que también se nos informa sobre los orígenes de esta congregación, Adat Israel, hace unos ochenta años: la cochera de la familia Steimberg en la calle de Coruña, adonde también asistían judíos de la Portales y Narvarte. En un inicio las Fiestas Mayores se celebraban en la panadería del señor Filler, en la cercana Algarín. «La sinagoga actual se construyó entre 1948 y 1952 a cargo del ingeniero Gregorio Beitman. Todo el proceso de edificación fue difícil debido a la falta de recursos», continúa la autora.

Un par de aspectos tienden a llamar la atención acerca de Adat Israel, además de su reducida membresía. Por una parte no haber contado nunca con rabino, con todo y pertenecer a la bien estructurada Comunidad Ashkenazí de México, y por la otra el sabroso *cholent,* guiso a base de frijoles, papa, cebolla y carne que aún preparan bajo pedido, la típica comida judía que seduce a todo el mundo por su confort casero. No faltan los correligionarios que se preguntan desde otras partes de la ciudad: «Pero ¿a poco todavía va gente a ese *shul*?».

Se ha dicho que de la Álamos son Carmen Aristegui, Lucha Reyes (Andalucía 86) y Ernesto Zedillo. También algunos asiduos a esta sinagoga (como el señor Taifeld, respetado cronista de la comunidad judía en México), quienes acabando los servicios se regresan caminando a sus «casas de arcilla, ellas mismas hincadas en el polvo». Mexicanos sin grito de guerra.

No fue triunfo ni derrota

Existe una frase del poeta Torres Bodet grabada en piedra frente a la parroquia de Santiago Apóstol, en Tlatelolco, donde sucedieron los últimos combates de 1521, zona abundante en fantasmas también: «No fue triunfo ni derrota, fue el doloroso nacimiento del pueblo mestizo que es el México de hoy». Interesante perspectiva, la de un diplomático a final de cuentas.

Escribe otro funcionario del Servicio Exterior, el apasionado Carlos Fuentes: «Gran esquizofrenia: México prefiere identificarse con el mundo indígena vencido que con el mundo español vencedor».[17] Y esto tiene que ver, puede ser, con los valores de la Revolución institucionalizada (vaya concepto), o sea con factores ajenos, posteriores a la Conquista. Quizás nuestro escritor de bigote tenga un punto. ¿Por qué negar nuestra hispanidad, inmensa y sabrosa herencia? ¿Por qué en el Parque de la Muralla, en Lima, sí existe una estatua pública del conquistador Pizarro y en México ni una sola de su pariente Cortés (y en España sendas efigies de Bolívar e Hidalgo)?

Claro que para Fuentes pensar esto es muy fácil en su casa de San Jerónimo o en su departamento en Kensington, y menos mal que Torres Bodet no nació tzeltal o tepehuano. Porque detengámonos un momento en los grupos originarios de nuestros días, claramente sometidos en muchos casos, aunque no precisamente por un abstracto ejército quinientista al que se pueda señalar con el índice admonitorio, flamígero, leña

---

[17] Carlos Fuentes, «Camino a *La región más transparente*. "Eres un fracasado", dijo mi padre», *Nexos*, México, 1 de mayo de 2015, en <https://www.nexos.com.mx/?p=24781>.

al mono, que es de goma, sino por los puros mexicanos actuales, nosotros mismos, tendentes a preferir a un pétreo señor mexica en Reforma e
Insurgentes, ya muerto, en actitud heroica, que al *hñähñú* raso que acampa
en nuestra colonia tranquila.

¿Doblegados también por el imperialismo económico? Puede que
hoy el capitán Malinche se exprese mejor en inglés, y nosotros felices:

—*In thy house art thou.*

¿De dónde los alebrijes?

El próximo Sábado de Gloria es una buena idea que nos acordemos de los
cartoneros de la colonia Merced Balbuena, patrimonio vivo de la Ciudad
de México que sin embargo no todo el mundo tiene presente.

Si durante el exitoso desfile de alebrijes monumentales que cada
otoño reúne a miles de personas en el Zócalo y el Paseo de la Reforma le
preguntáramos a algún concurrente al azar a qué entidad corresponden
estas coloridas figuras ornamentales con forma de animal imaginario, es
probable que conteste que a Oaxaca. Es comprensible. Es a partir de la
década de los ochenta que los alebrijes de madera de copal y pintura viní-
lica que tallan en San Antonio Arrazola y San Martín Tilcajete son bastante populares. Sin embargo no se trata sino de interpretaciones de los
alebrijes originales, concebidos en papel maché por Pedro Linares López
(1906-1992) en 1936.

Dicha creación proviene del sueño del artesano de origen xochi-
milca, en el que estando en un bosque escuchó que un grupo de personas
enunciaba el vocablo *alebrijes*.

Lo anterior lo he leído en una cédula del Museo de Arte Popular
en cuya nutrida tienda, por cierto, el precio de las piezas oscila entre los
cien y 89 000 pesos: lo más caro, un precioso zorro blanco de madera de
dimensiones medianas.

Pero Felipe Linares ofrece su versión familiar:

—Mi papá tuvo una úlcera gástrica como por cuatro años y una vez
se le reventó, es un dolor muy agudo que no le deseo a nadie, y estando
en la cama se le vino la idea.

Los Linares tienen registrado el nombre *alebrije* desde 1994, más
por la competencia que suponen las copias chinas que por las célebres
tallas oaxaqueñas, que en sentido estricto deberían llamarse *tonas*. Estas

fueron creadas por Manuel Jiménez Ramírez, del pueblo de Arrazola, en los años setenta a raíz de su admiración hacia Pedro Linares.

Sin embargo, los Linares nunca han demandado a nadie. O se ponen a trabajar o se ponen a demandar, bromea Leonardo, hijo de Felipe, nieto de Pedro, en la casa familiar de tres pisos, en el número 251 de la calle Oriente 30, muy cerca del Mercado de Sonora. No hace tantas décadas por esta vialidad aún pasaba el tren, no había asfalto y las casas eran de adobe o madera. Hoy el antiguo barrio de Ixnahualtongo luce tranquilo, con un trazado que hace pensar en tiempos remotos.

—¿Ustedes se consideran artesanos o artistas?

—Las dos cosas, nos llaman artistas en el extranjero y artesanos en México. Hemos estado en Francia dando talleres y demostraciones, y tenemos clientes en Estados Unidos, Inglaterra y Francia. Lo más lejos que hemos llegado ha sido Escocia.

Leonardo aprovecha mi curiosidad para aclarar que un auténtico alebrije está hecho de papel maché o cartón, engrudo y pintura, aparte de llevar los ojos saltones, la lengua larga, escamas, alas, garras y cuernos o crestas. En su caso hasta le pone firma de puño y letra, más vale.

Cuando con su padre elabora piezas de gran formato con destino a otros países lo tramitan por medio de aduana y aquellas viajan en contenedores. También acostumbran vender en ciudades como Monterrey y Rosarito y hasta hubo un tiempo en que colaboraron de cerca con el gobierno mexicano, gustoso de obsequiar trabajos de los Linares a diplomáticos y visitantes distinguidos.

—No somos careros si tomamos en cuenta que a veces nos dilatamos hasta veinte o treinta días para terminar un alebrije mediano —acota.

No vayamos a creer que se cotizan por su fama internacional. Estamos hablando de alrededor de 15 000 pesos por trabajo.

Pero volvamos al Sábado de Gloria, día en que la alta vivienda de los Linares se llena de vecinos y visitantes (cada vez hay más extranjeros) y gente del mundo del arte (mundo: punto intermedio entre escena e industria) poco antes de ponerse el sol. Es la más visitada del barrio antes de la espectacular quema de judas, entrañables muñecos de carrizo y papel provistos de cohetes que simbolizan en forma caricaturesca a Judas o algún personaje censurable en el ánimo popular, a decir del referido museo, en su Sala 3, en donde exhiben un trabajo de Miguel Linares, otro de los hijos de Pedro: el típico diablito colorado.

FOTO 28. *Leonardo y Felipe Linares, «artistas en el extranjero y artesanos en México»* (marzo de 2018).

Durante los últimos días de Cuaresma, los Linares y aprendices trabajan con fruición en un altero de figuras de cartón de hasta cinco metros de altura con la intención de achicharrarlas, descuajeringarlas, inmolarlas en la fiesta, no sin aplicarles, minutos antes, algunos toques de pintura y tiras con cartuchos de pólvora.

Una multitud exultante ve explotar entonces las decenas de efigies, por lo general representando a políticos o personajes poco estimados en el imaginario colectivo: Donald Trump, el papa Francisco con billetes adheridos al cuerpo, un *hipster* de lentes y con un vaso de Starbucks y un pepino en las manos (pasa que es vegetariano), el Estado Islámico, el Chapo, incluso un Vargas Llosa poco afecto al feminismo. Estamos ante un espectáculo que tiene mucho de catártico.

A decir verdad, las vistas de la festividad no lucen tan distintas de aquellas del mural de Diego Rivera en el edificio de la Secretaría de Educación Pública, o de ciertas fotos de Lola Álvarez Bravo, solo que en este siglo XXI sobresalen la vendimia de caguamas, alitas y aerosoles con espuma. Costumbrismo bonachón en el contexto de una Ciudad de

FOTO 29. *Quema de judas en la colonia Merced Balbuena (marzo de 2016).*

México que se resiste al voraz liberalismo económico, o bien mirado le da la vuelta.

—¿Qué sienten al ver arder en pocos segundos un esfuerzo que ocupó tantas horas?

—Nuestra satisfacción es que los judas truenen bien, que se despedacen, para eso son.

Introducida por los evangelizadores y desarrollada fuertemente en diferentes partes del país, como Guanajuato o San Luis Potosí, la tradicional quema de los judas —¿un recuerdo de los autos de fe de la Inquisición?, ¿rescoldos de antisemitismo?, ¿un trasunto de antiguas tradiciones ibéricas?— hubo un tiempo en que comenzó a perder fuerza en la capital mexicana. Cabría citar varias razones. En una pintoresca crónica de *Todo empezó el domingo* (Fondo de Cultura Económica, 1963), Elena Poniatowska habla de las prohibiciones impuestas por el regente Ernesto P. Uruchurtu con motivo de una espantosa explosión ocurrida por la carretera a Puebla, debido a lo cual se llegó a rumorar que las quemas iban a quedar prohibidas. También Elena le da voz a un *judero*: «Ahora a cambio de muchas pulquerías que han desaparecido les vendemos a los gringos y a los *meros petateros* de las Lomas. Los gringos cuando ven nuestros muñecotes nada más se quedan abriendo tamaña *bocaza*».

Dichosamente, el panorama luce alentador en la actualidad.

Leonardo, sonriente y gentil, me invita a armar un judas con él dos o tres días antes de este Sábado de Gloria. Puede que sea una buena oportunidad para continuar oyendo historias interesantes: cuando Diego Rivera visitaba a Pedro Linares, merecedor del Premio Nacional de Ciencias y Artes en 1990; la tumba familiar en Iztacalco; los antepasados xochimilcas, dedicados en un principio a la zapatería; la nueva generación de Linares veinteañeros que ya empiezan a entrarle a la cartonería; las calaveras para el Día de Muertos, las piñatas, las máscaras y los carros alegóricos (no solo hacen judas y alebrijes)...

—¿Nunca les ha dado lata el gobierno?

—Para nada, solo alguna vez nos mandaron a elementos de Seguridad Pública y Protección Civil. Pero nunca ha habido un percance.

Para terminar se me ocurre echarle un vistazo a la robusta y añosa iglesia de la Concepción Ixnahualtongo, una de las cuatro dedicadas a la Virgen favorita de Hernán Cortés a las entradas de la recién conquistada ciudad. Es posible que esa zona haya sido uno de los primeros asentamientos mexicas en la isla. Por acá entraron los fundadores de México Tenochtitlan luego de salir de Iztacalco, Zacatlamanco y Mixhuca. El pequeño Huitznáhuac, nada menos, amilanado arrabal de nuestro siglo XIV.

Todos los mexicanos y el discurso de la Conquista

Lo que quiero decir, pero cómo me gusta extraviarme, es que todos los mexicanos cabemos en un mismo México, pero cada quien pertenece a un México distinto. ¿Cómo abordar, entonces, el discurso de la Conquista a una escala nacional?

Tantas preguntas.

¿Habrán celebrado las comunidades remotas de Chiapas alguna Independencia, algún Bicentenario? ¿Y qué decir de la Mixteca Alta, los huicholes, las trescientas sesenta y cuatro variantes de lenguas indígenas que se hablan actualmente en nuestro país?

Existen ciudades de la República en las que sí podrán sentir alguna cercanía con España, por decir Córdoba, otras en las que para nada. En la sierra Tarahumara los rarámuris primero se consideran rarámuris que mexicanos. Allá no se respira patriotismo, tan solo aire puro.

¿Nuestro concepto de nación a qué elementos responde?, ¿a la Independencia tal vez? Tomemos en cuenta que esta no fue una reconquista que le devolviera a los grupos originarios sus respectivas soberanías. La insurgencia es un invento criollo, más cerca de la conjura de Martín Cortés que de las ensoñaciones profundas de Tlacotzin (si las hubo).

Solo baste distinguir la consanguinidad de sus principales promotores. Indirectamente Iturbide sería tío de Morelos y a su vez sobrino en segundo o tercer grado de Hidalgo, descendiente este último de Cervantes Saavedra.

¿Quién de esos señores se iba a poner a reivindicar a los mexicas quinientistas?

Córdoba

I

Vuelvo de dar una conferencia en la Ciudad de los Treinta Caballeros y parece imposible no evocar el cúmulo de estímulos allá vistos y experimentados. Una caminata por el antiguo rumbo de la Cruz Verde que me descubre la casa donde nació el escritor Rafael Delgado. El inusual busto de Iturbide en el Parque 21 de Mayo, con sus portales de la Avenida 1 tan armónicos y aromáticos, y en la 3 el caserón que hace cosa de un siglo perteneció a la familia Cuesta Porte Petit. Sorbos de café en Casa Baltazar y un paseo enamorado por las Pitayitas bajo un firmamento blanco como una perla. El temprano *art nouveau* al interior de la cuarta y penúltima sede del Casino Español y el *decó* del Buen Tono, en verdad de buen tono, junto al herrumbroso hotel, cuya contemplación desde el puente peatonal provoca suspiros que acaban disueltos en un charco de agua turbia entre las vías del tren. Cierta conversación con un aseador de calzado sobre el legendario cacique Toribio Gargallo, las cantinas populares que se resisten a desaparecer, los buenos caldos de jaiba. ¿Aún existe el Club Azucareros?, ¿dónde se toma el camión a Amatlán?, ¿a poco ya cerró el Cantábrico?

Difícil no sentir añoranza por esa lluviosa localidad veracruzana asentada sobre las lomas de Huilango, originalmente villa, luego ciudad en 1830. El título de heroica le llega a Córdoba medio siglo después. Hoy me siento impulsado a rendir un homenaje modesto, realmente un esbozo, por sus cuatrocientos años recién cumplidos en 2018 y no se me ocurre una mejor forma que poniendo de manifiesto la interesante relación histórica y cultural que aún mantiene con mi espesa megalópolis del Anáhuac.

II

No comenzaré hablando de las exitosas campañas de los mexicas en Cuetlaxtan, Cuautochco y Ahuilizapan, eso significaría irme demasiado atrás en el tiempo, lo mismo si comento los logros del imbatido Gonzalo de Sandoval en la región. Mucho más oportuno concentrarnos ahora en el hispalense Diego Fernández de Córdoba y López de las Roelas, primer marqués de Guadalcázar y decimotercer virrey de la Nueva España entre 1612 y 1621. A él debemos memorables obras en la Ciudad de México y sus inmediaciones, como la culminación de un ambicioso acueducto que tuvo a bien aprovechar los caudalosos manantiales de Santa Fe. Pero igualmente la fundación de Córdoba, prevista para proteger las diligencias que viajaban desde y hacia el azopilotado puerto de Veracruz ante los desmanes de los cimarrones cañeros, frecuentemente liderados por los rebeldes Yanga y Francisco de la Matosa. Y también para dar cobijo a los blancos de Río Blanco y cercanías que entre 1606 y 1609 sufrían hostigamientos de parte de los negros de los palenques.

Con ese fin Fernández de Córdoba autorizó a cuatro terratenientes de Huatusco y Coscomatepec (Miranda, García de Arévalo, Núñez de Illescas y Rodríguez) a convocar a otros caballeros con familia para trazar calles y repartir solares. La población serviría «para instalar un puesto de seguridad con un destacamento militar, como lugar de descanso a los viajeros y de resguardo a los transportistas», a decir de la cronista Adriana Balmori.

¿Cómo nombrar a esta villa? Bien fácil, con el apellido del virrey aquiescente. Gran júbilo entonces el 26 de abril de 1618.

He aquí una primera aportación de Córdoba a mi ciudad y la Nueva España en su conjunto: la seguridad de uno de sus caminos primordiales, junto con el de Tierra Adentro y el de Acapulco. Me refiero al Camino de las Ventas o de Carros, mejor conocido como Camino Real de Veracruz-México, por el cual transitaron tantísimos viajeros, el correo y, en fin, todo el influjo cultural europeo. No debemos confundirlo con el que iba por Xalapa, utilizado más para el acarreo de mercancías. Duraba aquel trayecto de las Ventas unos 22 días, recorriendo 412 kilómetros, según Francisco Muñoz Espejo, quien lo califica como el más notable itinerario cultural de la nación.

No hay que dejar de lado su interesante patrimonio militar. Para la segunda mitad del XIX contaba ya con puentes, atalayas y fortines, convenientemente aprovechados por el magnate Antonio Escandón, empeñado en que el ferrocarril pasara por Córdoba para favorecer los precios de sus propiedades. De ahí sus generosos patrocinios.

En esos asuntos me encanta meditar cada que examino el mural *Canto a los héroes* en la otrora casa archiepiscopal de México, en la calle de Moneda. Allí podemos notar al Yanga, entre Cuauhtémoc y sor Juana, en actitud bien digna, como recordándonos que San Lorenzo de los Negros es, como suele decirse, el primer territorio libre de América.

III

Otra referencia cordobesa en la capital, bastante difundida ya en el siglo XVII al grado de que Luis González Obregón la incluye en su acreditado libro *Las calles de México* de 1922, es la historia de la Mulata de Córdoba, tradicionalmente acontecida en la cárcel de la Perpetua —«¡siempre cruje una cadena! / ¡Siempre rechina un cerrojo!»—,[18] en el actual tramo de República de Venezuela, entre Brasil y Argentina. Sin embargo muchos sostienen que esta más bien tuvo lugar en la prisión de San Juan de Ulúa. A una u otra fue a parar nuestra hechicera mulata, la cual se rumora ostentaba el don de la ubicuidad, aparte de ser inmensamente hermosa y no envejecer.

Los *platicones* del Parián, como los llama González Obregón, se entretenían contando diferentes versiones de la leyenda en el corazón de México, por ejemplo que su encarcelamiento se debía a algún amante cordobés despechado. En lo que todos coinciden es que la seductora mujer resuelve escapar hasta Manila por medio de dibujar un barco en un muro de su celda.

---

[18] Juan de Dios Peza, *Leyendas históricas, tradicionales y fantásticas de las calles de la Ciudad de México*, México, Porrúa, 2006.

Resulta curioso que en la actualidad no todo el mundo tenga tan clara la enorme cantidad de negros y mulatos que habitaron la zona tórrida del virreinato. Fernando Benítez estima que a mediados del XVI sumaban un número más copioso que el de los propios españoles, al menos en la Ciudad de México.

Efraín Castro, por su parte, cree que en la Angelópolis pudieron igualar o aun superar a la población blanca antes de culminar aquel siglo. Sobre todo sudaneses, pero también gente procedente de Cabo Verde, Bantú y Angola. Muchos de ellos obligados a pasar, sí o sí, por las proximidades de Córdoba en su camino hacia las ferias esclavistas xalapeñas.

Qué ganas de consultar el Archivo Histórico Municipal de Córdoba, pero este se encuentra compuesto por tres millones de documentos, y a qué hora. De momento baste este encomio del apasionado Álvaro Mutis: «¿Verdad que [los negros] son lo más grande que tiene nuestra América y que, sin ellos, esto sería una inmensa reservación de melancólicas razas indígenas que en lugar de cantar lloran y dan chillidos y que se alimentan de maíz con sabor a ropa sucia?».[19]

¡Bueno, que tampoco se pase!

IV

Aún existen otros vínculos entre Córdoba y la Ciudad de México, claro que sí. El lector no debe ignorar que entre el 15 y el 21 de mayo de 1821 se libró en Córdoba, villa entonces pródiga en árboles frutales e ingenios de azúcar (unos 33, reportaba décadas antes el fraile Ajofrín), un furioso combate que resultó en el deceso del coronel realista Francisco Hevia en manos del amateco Pascual de los Santos García, si bien el crédito suele llevárselo José Joaquín de Herrera, vecino de Mixcoac peinado a lo Mickey Mouse.

Repasemos lo que José Domingo Isassi publicó en 1827 a propósito de tal enfrentamiento militar:

No es fácil acertar con el número de muertos que tuvo la división que atacó a Córdoba en estos días, pues se ha puesto el mayor cuidado, como es costumbre, en ocultarlos. Los vestigios que aparecieron de sepulcros en

[19] Álvaro Mutis, *Cartas a Elena Poniatowska*, México, Alfaguara, 1998, *apud* Mario Barrero Fajardo, *Viaje a la «Tierra Caliente» de Álvaro Mutis*, Bogotá, Universidad de los Andes, 2020, p. 167.

la iglesia de San Sebastián, en su plazuela y solares, serían como 11. Se asegura que algunos contenían hasta tres cadáveres, y así se puede afirmar que pasaron de 30 los muertos [...] Sus heridos fueron 80, y se les hicieron 13 prisioneros [...] Del partido independiente hubo 17 muertos, entre ellos el capitán D. Pascual García.[20]

Dichas noticias tardaron en propagarse en la capital del virreinato.

El correo proveniente de Córdoba solo llegaba cada lunes y viernes por la tarde y aún faltaban décadas para que existieran telégrafo y ferrocarril. Lo cierto es que una vez conocidas es de suponerse que una parte considerable de los capitalinos las recibieran con gusto: aproximadamente 60% de los vecinos eran criollos o españoles y en consecuencia afines al Plan de Iguala. Los diez años de lucha habían transformado tanto a la Nueva España que incluso los peninsulares se inclinaban por la independencia. No era, pues, cualquier victoria la de Córdoba y seguro que debió de inspirar a Agustín de Iturbide para reunirse con Juan O'Donojú, capitán general y jefe superior del reino, precisamente en esa villa el 24 de agosto del mismo año.

Retomemos a Isassi para atender dicho encuentro:

Llegó a Córdoba el general O'Donojú, y se le tributaron todos los respetos correspondientes a su rango. Después llegó el Primer Jefe del Ejército Trigarante, D. Agustín de Iturbide, quien fue recibido con sumo aplauso por todas las clases. Y al día siguiente, habiendo pasado la etiqueta de estilo, firmaron estos señores los Tratados de Córdoba como sabe todo el mundo.[21]

La firma del portal del Zevallos provocaría el jueves 27 de septiembre la magnífica entrada del Ejército de las Tres Garantías a la capitalina Plaza Mayor o de la Constitución, que ya desde entonces lucía gris y café como algunos gatos.

Procuremos imaginar tamaña escena: desfile, pirotecnia y canciones populares sin parar de enaltecer a los libertadores, así como arcos triunfales, flores y colgaduras en las fachadas. Ángeles González Gamio habla de «aclamaciones delirantes de la multitud», imagen que me encanta,

---

[20] José Domingo Isassi, *Memorias de lo acontecido en Córdova en tiempo de la Revolución, para la historia de la Independencia megicana*, Córdoba, Veracruz, edición facsimilar del H. Ayuntamiento de Córdoba, 2017, p. 41.
[21] *Ibid.*, p. 42.

mientras que Carlos María de Bustamante escribe de «un gentío inmenso que iba a gozarse con el espectáculo del mayor ejército que aquí se ha visto».[22]

La multitud, en gran medida conformada por *guachinangos*, portando insignias verde, blanco y rojo, capaz que sin saber muy bien a bien por qué. Pero muy trigarantes todos:

—¡Religión, independencia y unión!

El glorioso cuerpo castrense, que 12 días antes había ratificado los Tratados en la Hacienda de la Patera y luego anunciado la terminación de la guerra en Tacubaya («cesaron felizmente las hostilidades sin efusión de sangre»: O'Donojú), ingresaba ahora en México una mañana de bronce a eso de las diez por la Garita de Belén y el Paseo Nuevo, dando vuelta en Corpus Christi y San Francisco para alcanzar el Palacio Virreinal. Era una comitiva compuesta por 16 millares. Desde el balcón central aguardaban el capitán de apellido irlandés y otros prohombres. El comandante Iturbide montado al frente de su ejército en su caballo negro. El criollo del día, del año, del siglo. Bien orondo y chapeteado celebrando la Independencia y de paso su cumpleaños con un banquete para 200 personas (ojalá hayan invitado a Vicente Guerrero).

Cuando me toca ver los huesos de Iturbide en la capilla de San Felipe de Jesús, en la Catedral Metropolitana, no dejo de sentir cierto desasosiego. ¿Qué hacen ahí y no en el Monumento a la Independencia?

V

Ciudad especialmente literaria ha sido Córdoba. Acaso fue Sergio Pitol quien mejor lograra describirla en décadas recientes: «Córdoba amada con su verano torrencial y los grandes chubascos y los ríos formados en las tardes de lluvia en las colinas de Santa María [...] Córdoba, aún de las viejas familias, ensimismada, con sus capitales ocultos y sus calles mal pavimentadas, sus aleros de teja colorada, sus portales bulliciosos y su paisaje espectacular». Lo anterior lo leemos en el relato «Pequeña crónica de 1943». Además, en «Semejante a los dioses» llega a referirse a Peñuela, Amatlán y Coscomatepec. No olvidemos que, con

[22] Carlos María de Bustamante, «Cuadro histórico de la Revolución mexicana de 1810. Carta decimosexta y última» [1846], *Indelebles*, núm. 31, 2017. Casa de la Cultura Oaxaqueña, p. 20, en <https://www.oaxaca.gob.mx/cco/wp-content/uploads/sites/31/2017/09/Indelebles31.pdf>, consultado el 5 de octubre de 2022.

FOTO 30. *Palacio Municipal de Córdoba, Veracruz (junio de 2017).*

nacer en Puebla, Pitol crece en el ingenio de Potrero y conoció razonablemente la zona. Pero asimismo la Ciudad de México, Varsovia, Bristol, Praga, Barcelona. Es acaso el cordobés universal por excelencia, o su mejor embajador desde las letras. «[Córdoba] constituye para mí el lugar al que siempre se vuelve [...] En los momentos de postración, de enfermedad, me reconforta su aire pesado de naranjos y gardenias, su calor implacable. Es el lugar que más aparece en mis escritos», comparte en sus memorias precoces de 1967.

También debo citar el caso de Jorge Cuesta, que viaja a la capital mexicana para estudiar música y química y termina relacionándose con los Contemporáneos, grupo de artistas ampliamente estudiados por Miguel Capistrán, otro cordobés ilustre. Por Elena Poniatowska sabemos que la abuela del poeta Cuesta fue mulata y que su padre introdujo el cultivo de naranja de ombligo en la región.

Casi por último mencionemos a Jordi Soler y sus simpáticos cuadros de La Portuguesa, ignoto cafetal vecino de una Córdoba que él decide nombrar Galatea: «Hacía un calor que provocaba delirios y todo se pudría a una velocidad pasmosa», narra en un cuento el autor de *Ese príncipe que fui* (Alfaguara, 2015), novela a caballo entre Barcelona y Motzorongo. En otro libro, Soler se pone a hablar de las marimbolas, avispas zapateras, amoyotes, azayacates, chaquistes, mayates, cocuyos, unicornios, cuatapalcates, atepocates, lagartijas cuijas, pinacates y arañas capulinas, insectos que hace apenas una generación se estrellaban en abundancia contra los parabrisas en las carreteras. Yo recuerdo con mayor viveza las coralillos y las falsas coralillos junto a los senderos de tierra.

¿Y con qué cara olvidarse de Emilio Carballido, que en un libro de fotos antiguas sugiere que una de las máquinas del Huatusquito, el entrañable ferrocarril que no iba a ninguna parte, acabó prostituyéndose en Disneylandia?

VI

Cordobeses connotados con repercusión en la Ciudad de México y la nación entera ha habido varios, y no solo en las letras. También políticos (Fernando Casas Alemán, Jefe del Departamento del Distrito Federal, quien abre Avenida Universidad, entuba los ríos Churubusco y La Piedad, construye el Viaducto y finaliza el Centro Urbano Presidente Alemán), artistas plásticos (José García Ocejo y Ernesto García Cabral, este último huatusqueño, pero da lo mismo) y biólogos (Pablo de la Llave y mucho después el alemán Alfred Bernhard Lau), entre otras disciplinas.

En lo que respecta a la agricultura y la gastronomía, la investigadora Adriana Naveda da a conocer que el café cordobés viene muy pronto a preferirse por encima del habanero en varias ciudades mexicanas y que en los albores del siglo XIX es el que se exportaba hacia España. A la fecha sigue representando una industria sobresaliente, lo cual puede explicarse a partir de la altura de la ciudad a unos 860 metros sobre el nivel del mar y el clima templado húmedo regular. Actualmente en el Centro Histórico de México uno puede conseguir grano cordobés en el Café Equis, en operaciones desde 1930, así como en la esquina sur poniente de Ayuntamiento y López, antiguo Café Cantón, propiedad de la familia Huerta.

Por otra parte, Córdoba es proverbialmente conocida por su tabaco y azúcar de caña. Hoy continúa produciendo aceite y chocolate y en el bosque templado caducifolio de los alrededores se dan muy bien las piñas y plátanos, los distintos tipos de zapote, las chirimoyas… De acuerdo con el antiguo gobernador Landero y Cos, Córdoba fue el primer punto donde se desarrolló el mango en la Nueva España.

La cocina regional incluye la flor de izote y de colorín, las hormigas chicatanas, el nanche y los langostinos. Y platos como el tesmole, los pambacitos enharinados y no pocas delicias españolas, libanesas e italianas. Mención aparte merecen el jamón envinado de los abarrotes El Borrego y por supuesto el *menyul* (*mint julep*), bebida representativa que en mi ciudad preparan con particular esmero en la cantina El Gallo de Oro.

Pero aún hay más, tantísimo más. Lógico la calle de Córdoba en la colonia Roma y la Cándido Aguilar cerca del metro Constitución de 1917. La primera empresa que le pone el sello de Hecho en México a sus mercancías (muebles de acero ¡y coches!) a fines de los años veinte: DM Nacional, de Antonio Ruiz Galindo. No pocas glorias nacionales del beisbol, el futbol y el tenis. Las canciones «Farolito» de Agustín Lara y «Paloma querida» de José Alfredo Jiménez. Se ha dicho que también los inicios de José José y la transformación del *jazz* nacional a manos de Juan José Calatayud (toda crónica de Veracruz es huérfana sin música, propone Eloísa Vasconcelos).

Finalmente, el análisis y diseño de las excavaciones profundas de la Torre Latinoamericana y el Estadio Azteca a cargo del ingeniero Adolfo Zeevaert Wiechers...

Ya se va la Rama muy agradecida porque en esta casa fue bien recibida. Una casa con grato aroma a vegetación empapada, madurez de verano postrero, zafra y palmera campante. Casa que es huerto orgánico de Zillis, Marencos, Orbezos, Mansures, Abellas y otros apellidos de gente ilustre y con cara antigua. Casa, en fin, que son tardes en Nevelandia y bellas palabras de Bonifaz Nuño, ácida pavesa del ingenio cordobés:

> *Y conste que no hablo*
> *en símbolos; hablo llanamente*
> *de meras cosas del espíritu.*

No una colonia. Virreinato constructor de cultura

Por otra parte, no todos los peninsulares del siglo XVI fueron necesariamente guerreros, avariciosos comerciantes o temibles encomenderos, y aun estos debieron de cuidar a su mano de obra, si no eran tarugos. También los hubo humanistas que alfabetizaron, tradujeron, edificaron y hasta contribuyeron a inventar platillos que hoy tenemos por mexicanos. Lo que equivale a decir, constructores de cultura, la nuestra.

Los frailes, en particular, llevaron a cabo una obra no menos esforzada que la de los soldados conquistadores. Muchos habían recibido una excelente formación en universidades como Salamanca y Alcalá, y una vez en el Nuevo Mundo se vieron en la necesidad de volverse pacientes, pobres, mansos, como los naturales (aunque para echárselos en la bolsa). Esto lo explica muy bien Enrique Semo en 2019 en el primer tomo de *La Conquista, catástrofe de los pueblos originarios*.

La conquista espiritual de los mexicas puede que haya funcionado más como una suerte de evolución. De los sacrificios de sangre a los Cristos sangrantes no parece distar tanto. Del Tezcatlipoca negro al Cristo del Veneno tampoco.

Pensemos en Junípero Serra o Pedro de Gante o Bernardino de Sahagún.

Y sepamos que la Nueva España no fue una colonia, sino un virreinato. Eso hace toda la diferencia. ¿O no realmente?

¿Quiénes eran, pues, los españoles?

¿En el fondo quién era toda esa gente de ultramar a la que solemos concebir equivocadamente en un solo contingente homogéneo? Individuos muy distintos entre sí, según ya hemos visto, pero si tuviéramos que generalizar lo haríamos de la siguiente manera.

Celtíberos medio godos que acababan de doblar la esquina del período andalusí luego de casi ocho siglos de gobierno musulmán. En el corazón llevarían grabado el consabido verso del Cid: *Si con moros no luchamos, no ganaremos el pan*, solo que conmutando *moro* por cualquiera que no fuerae cristiano.

Hijos de su siglo que de haber permanecido en España, ardua esquina de la historia, habrían tenido que lidiar, e igual sus hijos, con luteranos, italianos, franceses, ingleses, flamencos descontentos y moriscos sublevados. Y por supuesto otomanos.

Gente costumbrada a las armas: Guerra de las Comunidades de Castilla, el *Sacco* de Roma, San Quintín, Alpujarras, la Armada Invencible. Dramones renacentistas que junto con el desarrollo de los virreinatos en América ayudaron a prefigurar el fenómeno multicultural, intertextual, de la hispanidad que cunde allá y acá, las dos orillas atlantes, la ubérrima *terra nostra* de raigambre fenicia y olmeca, alcances criollos y posmodernos. La primera globalización. Responsable de inyectarle nueva vida a la cristiandad, seriamente comprometida por la caída de Constantinopla.

El Sacro Imperio Romano Germánico le había sido enjaretado al infante Carlos, primogénito prógnata de la reina Juana, el cual habría de desarrollar ideas erasmistas, al menos durante un rato. España y las Américas como instrumento de Roma. Ganar adeptos frente a la avalancha protestante. Así de alta la vara. Un reto como una porra antequerana. Cocinada en Viena con ingredientes americanos. De cocineros Habsburgo.

I

Caminamos por la Kellergaße, calle de sótanos o bodegas de vino. Se percibe una quietud entrañable, olor a verde infancia, solo ignoro si también hay sabor. Las casas con techumbre a dos aguas seducen por su exótica sencillez, lo mismo que el silencio de la primavera danubiana. Vegetación por los cuatro costados, como si el pueblo invadiera los árboles y no al revés. En el estómago, las impresiones recién deglutidas: un extraño abatimiento durante el vuelo desde París, batido por las olas de una inesperada melancolía, los letreros indicando el camino a Brno en la carretera, el omnipresente edificio de la ONU como acechando, la charla en el coche con mi hermana Paula, más atlética y calmada. Hasta ahora solo he tenido tiempo de instalarme en el cuarto de juegos de los sobrinos y dormirme una siesta. Al despertar, conservo casi intacta la sensación de afeitado de antier, bigotazo magiar o rumano, más bien de la Merced, del mero barrio. ¿Dónde estoy? Tardo unos segundos en entender.

Sentados a la mesa de una taberna, un *Heuriger*, en la terraza, me fijo en el árbol genealógico de los propietarios, ¿cuántos ancestros habrá enterrados en el jardín, *ubi sunt*? Brindamos con *Spritzer*, que es mezcla de vino blanco recién nacido con agua mineral, bebida fría y estival. Nos encontramos en las estribaciones de una elevación que no sé si llamar montaña (su nombre indica que sí, Bisamberg) con Paula, cuñado carintio y el par de sobrinos vieneses, asimismo mi hermano Nacho, vecino de la capital austriaca.

He venido a visitarlos un mes. Media prole avecindada en Austria, no deja de resultar curioso tratándose de una nación con la que no existen vínculos culturales tan fuertes. O acaso me equivoco, pues como ha escrito José Emilio Pacheco, la Ciudad de México fue parte del imperio habsbúrgico. Pienso en la draconiana dinastía de los Austrias, que a través de Cuba autorizó las correrías de Hernández y Grijalva y de algún modo también las de Cortés. «Los Habsburgo han gobernado a México por más tiempo que nadie, no lo olvides. México es más austriaco que otra cosa»,[23] sentencia un personaje de Carlos Fuentes en su novela de 1999. Ojalá pudiera preguntarle su opinión a la cronista Kolonitz —o al propio Maximiliano— mientras le enseño el águila bicéfala (de tradición hitita y bizantina) de la Capilla Real de Tlaxcala: una mirando allá y la otra a España, mejor dicho a América.

Claro que me equivoco. Ahí están Friedrich Katz, Ruth Lechuga, Wolfgang Paalen, Alejandro Zohn… Y a un chorro de *ashkenazim* y descendientes de este siglo y pasado.

Rematamos la comida con un *Schnapps* a base de piñas de árbol. En otras mesas adivino a puro indígena en dialecto, sosias los unos de los otros, muy cultura de Lengyel todo, por lo visto no he logrado percatarme del profuso mestizaje austrohúngaro compuesto por al menos una decena de nacionalidades. A alguien se le estrella un vaso de vino en el piso: *Hoppala!*

Langenzersdorf es un apacible pueblito vitivinícola y para algunos suburbio de Viena, con el Danubio de frontera. Su templo católico dedicado a Santa Caterina, de característico campanario bulboso que tanto ve uno en la región, evoca cuentos infantiles, historietas de Astérix, nociones europeas aprendidas en la tele, fragancia de repollo horneado. Parece recién estrenada y sin embargo es una construcción vetusta con antecedentes en el siglo XIV. También destacan la mansión que pretende imitar la Casa Blanca de Washington, placas alusivas a los caídos de ambas guerras y un museo que lo mismo expone una réplica de la insigne Venus local, de siete mil años de antigüedad que un sintetizador de Max Brand, pionero de la música electrónica, chance y orgullo de Ucrania.

Y, claro, la galana calle con sus *Keller* y respectivos viñedos.

—Nunca acompañes a un austriaco a su sótano —bromea Nacho.

No ha visto películas de Haneke ni leído a Jelinek, pero lleva suficiente tiempo aquí como para saber de lo que habla.

[23] Carlos Fuentes, *Los años con Laura Díaz*, México, Penguin Random House, 2016, en <https://bit.ly/3T3XCHW>, consultado el 5 de octubre de 2022.

FOTO 31. *Tienda de trajes típicos en Langenzersdorf, cerca de Viena (septiembre de 2019).*

II

Parque Sigmund Freud, de cara a la Votiva, la cara encendida por el sol. El cielo de Viena, música sin melodía. ¿Qué hacer?, ¿hacia dónde dirigir mis pasos? Azarosamente llego a una librería en el Centro que vende tomos en inglés, en la Sterngaße, a la vuelta de San Ruperto, presuntamente la iglesia más antigua que aún conserva la ciudad. Pese a que la tradición marca 740 como año de su fundación, los datos disponibles indican que no fue comenzada a levantar sino hasta el siglo XI, a un lado de la muralla que mira hacia el Danubio femenino y seguro reemplazando a algún adoratorio del *castrum* romano de Vindobona, puesto de avanzada para proteger a la civilización latina de quién sabe quién.

Que Stefan Zweig era un exhibicionista, de esos que se desnudan frente a desconocidos en los espacios públicos, en plan abrir y cerrarse la gabardina, comenta el dependiente, y que autores súper celebrados en la actualidad como Joseph Roth no llegaron a ser realmente tan *acep-*

tados en su tiempo, con todo y la enorme popularidad de que gozaron. Ni idea de a qué se refiera. Estoy en la sucursal vienesa de Shakespeare and Company, donde me hago de una historia de la Europa habsbúrguica por Simon Winder, la única novela de Elias Canetti, que en México es proeza conseguir, y un ejemplar del pacifista provocador que recopila ensayos, discursos y artículos. Distingo también una traducción de *El mago de Viena* de Sergio Pitol en el apartado de libros sobre la ciudad, qué risa.

Me aproximo a hablar con el encargado de San Ruperto, propiedad hace tiempo de la Orden de los Caballeros del Santo Sepulcro de Jerusalén. El hombre atiende y responde con el entusiasmo de quien acaba de ingresar a la orden, por mucho que sus canas y barba desaliñada sugieran una edad avanzada. Sabe reír y gusta ser abordado. Afuera en la plaza campea su sólida torre, viejísima. A la entrada, la iglesia ostenta una formidable pintura barroca representando al patrón de los mineros y mercaderes de sal. Sin embargo, lo que la mayoría de los visitantes viene a mirar, o fotografiar, es la caja traslúcida con los restos de san Vitalis, en plan Sebastián de Aparicio, solo que aquí con el morbo de los huesos. A la Virgen de Loreto de ébano ni quien la pele.

Decido permanecer en la zona, en las cercanías de la Schwedenplatz, a la orilla del canal. Pido falafel y compro pan para la casa. Solo entonces me reúno con Paula frente a la Catedral a fin de regresar juntos al pueblo. Ella trabaja en la contraesquina, en una multinacional siderúrgica con sede en la artística y universitaria ciudad de Linz. En el tren me viene contando del tatarabuelo de mi cuñado Emanuel, ojeador o sotamontero del imperio y puede que hasta hijo natural de Juan de Habsburgo-Lorena, según se cuenta en su familia materna, y asimismo sobre un anciano cronista de Langenzersdorf y una conocida suya del trabajo, avergonzada nieta de un nazi principal.

III

¿Por qué es preferible lo bueno que lo malo? ¿Quién impone las reglas? El bueno, muchas veces el que ornamenta su Jesuitenkirche pomposamente, trafica con reliquias y diseña sepulcros exagerados para cadáveres que en vida reinaron y conquistaron. El malo, el perseguido que prefiere quitarse la *kipá* al salir del Stadttempel, recinto no menos elegante, aunque de un orden distinto. El rezo en su interior es conducido morigeradamente. Como en toda sinagoga, hay un señor que recita el Kadish más fuerte que los demás. La comunidad canta sufrida, con cero beatería, aunque nunca con el dolor largo, discreto, de los *sefardim*, diáspora más añosa (en Viena está compuesta por muchos judíos de Bujará). Un amigo de mi ciudad reacciona con desagrado a una historia de Instagram, una placa alusiva a Theodor Herzl, lo que provoca un estimulante intercambio de mensajes sobre los efectos dañinos del sionismo moderno. ¿Quiénes son los buenos aquí?

Los sarcófagos poco modestos son los de la familia imperial, se entiende. Se accede a ellos luego de pagar siete euros y medio. No se me ocurre un lugar más *goy* que la Cripta de los Capuchinos. Turistas chinos tomándose fotos con la caja de Francisco José y dejando euros en el piso. Cero antojo de ponerse a buscar a nuestro Maximiliano.

Mucho mejor idea recorrer el distrito —la isla— de Leopoldstadt, que en partes recuerda a la colonia Juárez, por sus jóvenes disfrazados de brooklynenses y negocios y letreros anticuados. A unos pasos de la estatua de Nestroy y frente a una tienda de CBD me atrae la visión del Café Ansari, en el quince de la Praterstraße, en donde ordeno *humus* y *ravioli* georgianos, rellenos de papa y queso, nadando en mantequilla. Los árboles dan sombra, duelen las piernas, aún queda bastante por recorrer.

IV

Me encanta Rubens, me encanta el barroquismo, qué bonito esas figuras, qué bonito esos dorados. Un milagro de San Ignacio y otro de Francisco Javier, qué luz, como de cromos de Helguera. En el Kunsthistorisches también me encandilan las detalladas panorámicas de Brueghel, en apariencia menos sensuales: escenas de burgueses, cada uno en lo suyo, con estudiada perspectiva, todo en su sitio y sin embargo nunca perfecto. Y el luminoso *Los cazadores en la nieve*, que hasta parece del siglo XX.

Antes me he dedicado a visitar el Weltmuseum, donde es natural que me haya concentrado en la sala mesoamericana. Vaya belleza los tres cráneos de papel maché de Pedro Linares, el San Jerónimo de arte plumario del XVI, las pinturas de castas y las esculturas mexicas del período Posclásico. Un Xipe Tótec me saca una sonrisa sin saber por qué. He entrado gratis por ser mexicano, ya se sabe, por el penacho.

V

Viena es mayormente pálida, tal vez por eso no termine de gustarme. O será que no termino de enterarme. Me refiero al exterior de los edificios, como en la lechosa Judenplatz, donde reina el silencio y me dedico a beber un mustio *Spritzer* en la espera de un *Gulash* con huevo estrellado, ojalá lo sirvan con pan para rebañar la salsa. Un hombre con *talit katán*, acaso tímido visitante, recorre sosegadamente la plaza, fijándose más en el monumento a Lessing que en el memorial del Holocausto. El Centro de Viena es rubio y con poco viso vernáculo.

Esta mañana he venido en busca de resabios renacentistas. Un patio y fachadas en la Bäckerstraße, el pórtico de la Salvatorkapelle y obvio el Schweizertor del Hofburg. El calor aprieta. Pienso con frecuencia en la Ciudad de México. ¿Alguien me extraña allá? Me extrañaría. Qué extraño rumbo, adonde acude tanto turista con la intención de fotografiarse. Si no hubiera cámaras frontales ni internet, ¿seguiría existiendo el fenómeno? Yo no tengo conexión esta tarde, pero igual disparo.

Durante mi paseo para bajar la comida pienso en Joseph Roth, el lúcido cronista del *Frankfurter Zeitung* que hoy ya no puede saber que sus amadas calles céntricas han acabado convertidas en aséptica atracción turística. Dan ganas de ponerse a beber.

VI

Mucho mejor pertenecer al grupo de los perseguidos que dedicarse a perseguir. Con esto no quiero decir que uno así lo procure, lo apropiado sería alejarse de cualquier situación que presente el dilema. ¿Cómo reaccionar, sin embargo, ante aquellos que *sí* ameriten ser señalados, censurados?

Tampoco con ellos cabe ensañarse. No debería reinar nadie sobre los demás ni intentar convencer, no importa cuán seguro se esté de tener la razón.

¿Qué se gana con imponer un punto de vista? Pura vanidad.

Estas cavilaciones se las debo a un mal sueño que lleva acechándome todo el día y cuyo recuerdo específico se ha esfumado apenas me he despertado. Son las dos de la tarde, sudo a mares, ríos y tormentas. Me bajo en la estación Praterstern para reunirme con mi hermano. Otra vez al Ansari.

En una mesa exterior charlamos agradablemente. Concluimos que siempre conviene agradecer lo malo que nos pasa. Le obsequio las *Meditaciones* de Marco Aurelio y un puñado de Pulparindos. El que va lleva y el que viene trae y yo me traigo un buen recuerdo de Nacho y su departamentito típicamente europeo, sin ventilación natural en el baño. No está radicalizado, pero sí es de los que toman partido.

Nos gusta caminar rápido hasta el solar donde entre 1858 y 1939 se mantuvo en pie la sinagoga de la Tempelgaße, con capacidad para dos mil personas, la más grande de Viena al estallar la guerra. Hoy en su lugar vemos un patio rodeado de edificios modernos. En el costado izquierdo, con puerta a la calle, un pequeño *shul* ortodoxo al que nos dejan entrar.

El Centro de Europa es católico y judío y cuando falta uno de esos elementos tiende a cojear, así lo ha escrito Claudio Magris.

Hoy Viena es regida por un gobierno de izquierda, ocho décadas y cacho después del infame *Anschluss* perseguidor.

VII

Hoy decido caminar hasta Bisamberg, pueblo vecino de Langenzersdorf. Oyendo la «Fantasía húngara» y otras piezas de Liszt que parecen atraer hacia mí la compañía de abejas amigables. La recompensa de rezumar tanta humedad en la carretera —una hora por lo menos— bajo un cielo pizarreño llega en forma de vasitos de *Spritzer*, porciones de *Liptauer* y otras delicias untables en frescas barras de pan. Nadie habla inglés, mucho menos español, en este *Heuriger* con jardín que mira al campanario parroquial, venerable entre las tumbas, impecables bajo propicios follajes. Luego me encamino a otra taberna en la calle principal. Gente que come antes o después de un funeral, no se sabe, pero todos de luto. Más vino y un par de bolas de carne y papa, ensalada, *emmental* y panquecito de chocolate y coco.

De buenas a primeras comienza un diluvio. Soy el único en la calle. La calma ofrece su hermoso rostro barroco. Tanta voluptuosidad no logra excitarme, es más como el abrazo de un anciano desconocido. Me despido deprisa de este pueblo sin viscosidades, límpido, ancestral, cara de niño sabio. Lo más lejos que me he sentido de mi casa jamás.

VIII

Hoy comemos en la Schweizerhaus, grandioso restaurante al aire libre desde 1868, aunque con antecedentes en 1766, en el Prater. Soy feliz con la cerveza checa y el mansito *Wiener Schnitzel* que me gusta acompañar con rábano picante. Decenas o tal vez cientos de personas reunidas cada viernes, exclusivamente entre el 15 de marzo y el 31 de octubre. Buen humor y chamorro frito cerca de las fronteras de la República de Kugelmugel, esfuerzo anarquista que adquiere forma de país, cosa extraña. Al caer la tarde, un rabino casuista, talante de infante, entrecejo de viejo, consigue hacerme sonreír con su sermón en alemán, si bien no entiendo del todo. Es una sinagoga reformista con baños mixtos y concurrencia feliz. Se diría un día normal, sin ningún sobresalto. Sin embargo me quedo dormido sintiendo todo lo contrario.

IX

Se acaban las vacaciones, lo anuncian los bomberos con una fiesta a la que asiste buena parte de la comunidad de Langenzersdorf. Hacen demostraciones y venden comida, como *Lángos*, masa frita a la que añaden ajo en polvo, como buñuelos, pero en salados y más empachosos. También vino blanco, cerveza y *Schnitzel* de puerco. Música tradicional en vivo, algunos bailan ataviados con el traje regional.

El día lo hemos pasado en la húngara Sopron, que en alemán se dice Ödenburg o ciudad desolada. Lo primero que llama mi atención son los accesos a las robustas casas. Arcos de medio punto al puro estilo gótico o románico, que irremediablemente emocionan, sin embargo la ciudad es mejor conocida por su arquitectura barroca.

Al cruzar la frontera todo parece cambiar, ¿en qué radica la sensación? ¿Qué es otro país sino un mero cambio de diseño gráfico en las señales de tránsito? En este caso también de moneda y lenguaje (*szia, köszönöm, napraforgó*). En la carretera nos saludan veloces los campos de girasoles, ignorantes del Tratado de Trianón.

Hemos visitado un par de sinagogas medievales, la vieja y la *nueva*, que ahora solo funcionan como museos, en estas calles no queda más de una veintena de judíos. Asimismo el claustro techado de un antiguo cenobio francisco con imágenes fantásticas en los capiteles, langosta, mono alado, figuras así, como resultados de una botella de *kékfrankos*. Los sobrinos disfrutan del paseo:

—Aquí el helado sabe mejor —dice el mayor, de nueve años.

Que esa sea la ciudad de Liszt no parece decirle mucho a la mesera del café donde decidimos hacer una pausa, atónita al pedirle una nieve de limón en mi Coca-Cola. El *hipster* de Sopron nos observa desde su mesa. Gran acontecimiento este mexicano que no para de hablar. Le cuento por ejemplo a mi hermana de cuando conocí en Yom Kipur al *ambassador of Hungary* y yo entendí *of hungry* y me dio un ataque de risa. La charla con la joven húngara deriva en monólogo:

—¿Por qué los turistas austriacos dan por hecho que acá tenemos que hablar alemán?

Es risueña y toma una foto cuando pruebo mi bebida demasiado americana.

X

Último día de tomar el autobús hasta Floridsdorf, usar el metro y transbordar en Wien Mitte con el emocionante propósito de alcanzar dos paradas más tarde las alturas de la Catedral con la pura mirada desde la escalera eléctrica.

Cuarenta minutos en total. San Esteban sabe responder con su rumor sordo de catacumba, si bien le gusta hacerse la joven, presumiendo su renovado aspecto, solución de emergencia tras tremendos bombardeos y quemazón.

Catedral ennegrecida, en hogaño gozosa de sol. Es a un tiempo dragón con escuadra, mujer con perro en carriola, señorito con talante magiar. Todavía a inicios del XIX funcionaba esta plaza como cementerio. Cada que sufre repavimentaciones se han encontrado huesos debajo. «¿Y si aquel maxilar inferior no es el del suegro de mi tatarabuela, sino que pertenece a un honrado soldado de la legión romana?», escribe Joseph Roth para *Der Neue Tag* hace cien años, en las postrimerías de los apellidos con *von* y con *zu*.

Cómo cautiva Viena, cada vez menos blanca. Y el cazado caza quiere. Así que arranco mi recorrido en Graben, dónde más, procurando sortear a los lentorros grupos de turistas. Adiós a Trzesniewski y Zum Schwarzen Kameel. Muy difícil no dejarse deleitar por la contemplación de arquitectura grandilocuente, por ejemplo el edificio de H&M, la matriz de Meinl y desde luego la discreta sastrería Knize, de 1858, aunque diseñada más tarde por Adolf Loos. Aquí me compro una loción de fórmula centenaria, ahora huelo a príncipe eslovaco, es una lástima que no permitan fotos en el interior.

Familiarizarse con una ciudad equivale a estudiarla con recato, como espía atento. Cada que reparo en edificios caigo en la cuenta de minucias nuevas: elegantes vidrieras curvas, una fecha de fundación, alguna discreta y bien surtida librería.

Continúo por Kohlmark, calle imperial del nuevo imperio que son las tiendas de lujo y, sin embargo, sí que queda algún negocio histórico para vieneses de pura cepa o incluso para viajeros entendidos. Hace siglos a esta rúa venía la gente a vender y comprar coles, lo que no ha cambiado es que aún desemboca en la Plaza de San Miguel, por lo general olorosa a caballo y aire fresco con sol. Bien tristones los vestigios romanos, cuán soslayada la Looshaus sin cejas. Tal desinterés se lo debemos al Hofburg, cada foto es un suspiro de nostalgia por el tontuelo AEIOU, monograma que es tatuaje.

Estoy tentado a remontar por la Herrengaße o despedirme de la iglesia de Am Hof. Sin embargo, la costumbre prefiere que atreviese las plazas de los Héroes y María Teresa (*Iustitia regnorum fundamentum*, leo por última vez) para visitar el Leopold Museum, el cual tengo pendiente. El clima agradable de finales de verano me hace deambular, en cambio, por las banquetas del séptimo distrito. Así, termino en una avenida que parece importante, en ella prospera el comercio, se trata de la Lerchenfelder Straße. Entro en la librería del número 50 y tras un rato de indecisión termino llevándome la atinada recomendación de un librero, la novela de Thomas Bernhard que han traducido al inglés como *Old masters*. Me doy a la tarea de leerla, divertido, en una plaza cercana, abrazado por la Mentergaße y dando la espalda a una iglesia que bien puede pasar por neogótica, tal vez lo sea. Me acompaña, o yo a ella, una anciana esmeradamente vestida, se diría que a punto de encontrarse con alguien. Luego me doy cuenta de que en realidad solo ha salido a observar a la gente, como quien *scrollea* en Instagram al despertar, a lo mejor vive sola y su rutina incluye este tipo de prácticas. ¿Lo hará a diario? ¿Por qué no me atrevo a sacarle plática? Saberse extranjero le quita a uno el impulso de ponerse a entrevistar a desconocidos. Además, un inglés no viaja para ver ingleses, ¿cierto? La frase se la debo a Laurence Sterne.

La misma avenida me conduce a la Thaliastraße. Antes de atravesar la calle ancha me fijo en un restaurante persa y otro egipcio frente a frente. Doy la vuelta en la Brunnengaße y otro mundo se me revela, el de los turcos. Escasos turistas por aquí. Con andar deprisa, me detengo en los detalles del mercado: un puesto de nombre African Meat Joint, animales de plástico sobre el mostrador de las carnicerías, comida callejera siria en el cruce con la Gaullachergaße (qué hermosa estampa la casa de atrás, de un solo piso, con chimeneas y grafiti), mujeres con velo, hombres de pesadísima dignidad, tufo a queso montañés que semeja pescado podrido…

Al fondo la animada plaza Yppen con su comedido tono balcánico: historias de licántropos y vampiros en el inconsciente colectivo. Pienso en una idea achacada al príncipe de Metternich de que una vez cruzado el Rennweg ya comienzan los Balcanes.

Entran deseos de quedarse a comer en uno de estos sitios con terraza, no obstante termino optando por el Kent, un clásico para probar delicias

FOTO 32. *Vieja casa hoy desaparecida en la esquina de la Brunnengaße y la Gaullachergaße, en Viena (septiembre de 2019).*

turcas, ya antes me lo habían recomendado. Pido una crema de lentejas a la que agrego limón, aceite de oliva y una especie de ají o guindilla; bolitas de cordero con arroz y ensalada y un chile largo con cara de *xcatic*; una cerveza importada de nombre Efes. Todo acompañado de grandes panes frescos que parecen bolillos mexicanos. Me temo que al mesero no le caigo bien. Sin asomo de duda soy el único extranjero en el restaurante.

Gran sobresalto a la hora de pagar, la terminal no conecta con mi banco. A tientas busco monedas en mis bolsillos y aún sigue sin alcanzarme.

Le llamo a Paula y resolvemos que ahora mismo viene a ayudarme, el mesero dice que *kein Problem, kein Problem*, negando con las manos como si perdonarme fuera su obligación. Salgo a la calle sin atreverme siquiera a levantar la vista, solo después de estrecharle la mano, agradecido de corazón, es un hombre de nuca atractiva y cuarenta y tantos años encima. Quedo de verme con mi hermana en el metro Josefstädter Straße, muy cerca, y enseguida regresamos juntos al Kent para saldar el dinero faltante. La justicia es el fundamento del señorío.

Siento que sigo en deuda con ese mesero, satisfecho como niño educado al recibir el billete de diez euros. Para ser justo la mía es una deuda con la ciudad entera, hallazgo y experiencia a partes iguales. Con mi familia de apellido bohemio o moravo, de Dačice, los Prazna, por recibirme en su casa e invitarme la última noche a un *Heuriger* del pueblo a cenar *Schnitzel* con su fiel rodaja cítrica encima.

Deuda con cada habitante de Viena, ciudad de patios, castaños y esqueletos ocultos, que le dice *Paradeiser* al tomate y mira a los ojos cuando habla, qué más da que confunda dativo con genitivo. Ciudad de tranvías y sin postes de luz, que acostumbra servir vasos de agua para el café —quién iba a decir que acabarían bebiéndose a los turcos a sorbos— y repartir desodorantes en el metro por si quema mucho el sol. Ciudad tarda para la ira y pronta para el perdón. Viena estacionada en la grava de la orilla, con los viejos palacios apagados, enorme rueda de la fortuna. Ciudad de depresiones Biedermeier, de bollería bella y judería con mella. Metrópoli dos veces milenaria y mínimo media docena de zapatos a la entrada de cada departamento. Cuartel de la Contrarreforma y reacción de la Ilustración. Ciudad bicéfala que vive y deja vivir y más de una vez ha servido de ejemplo y sinónimo de *lo europeo*, ciudad de la «Marcha Radetzky» que suena y resueña a orquesta oaxaqueña, ciudad cuyos semáforos peatonales rechazan las diferencias entre nosotros y ustedes,

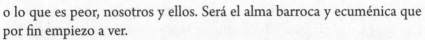

o lo que es peor, nosotros y ellos. Será el alma barroca y ecuménica que por fin empiezo a ver.

Hoppala! Eso es, como México. Viena, *vidi, vinci.*

X

Antepasados nuestros, total, que creían a pie juntillas en sus embates contra el infiel o el malvado, como socarronamente se dedica a exhibir el autor del Quijote. De esta tradición preburguesa, posfeudal, con una mano en las primeras armas de fuego y otra en los libros de caballerías, surgen Cortés y sus hombres. Españoles cuya noción de moral no era la misma que la nuestra. Su profesión estaba bien vista, del mismo modo que hoy un empresario adquiere su reputación a través de explotar y acariciar misiones expansionistas. Ahí están los dueños de Facebook o Netflix, rara vez cuestionados por la masa, más bien aplaudidos, por el contrario. Se trataba, pues, de una forma de vida establecida y honrosa. Como también lo era en Tenochtitlan implicarse en las Guerras Floridas y en innúmeras invasiones y conquistas. Pero hoy casi nadie evoca, mucho menos compadece, al montón de pueblos subyugados por la Triple Alianza.

Ningún pueblo es mejor que otro. Esqueletos en el armario de cada civilización. Como secretos familiares.

TROPIEZO EN DONCELES CON un tomito de Luis León de la Barra —capitán primero y regidor de la Ciudad de México, a decir de un sobrino en *Los de arriba* (Diana, 1979)— titulado *El San Cosme de otros tiempos,* impreso en nuestro país alrededor de 1951 como parte de una colección parisina, Clair de lune. Leyéndolo me entero de un caso curioso que el autor le escucha a un amigo suyo, de nombre Paco, que a su vez conoce de su abuelo Pancho, médico en ejercicio durante la segunda mitad del siglo XIX. Ambos, Paco y Pancho, habitantes de la viejuna casona familiar, a un costado de la Ribera de San Cosme.

Pero antes de abordar el caso se antoja pertinente consultar a Cossío, Marroqui, de la Maza y Mundy para adentrarnos en los cimientos históricos.

En 1524, o tal vez poquito después, Hernán Cortés manda edificar una ermita franciscana en un lugar de la calzada para Tacuba que se llamaba de la Tlaxpana, supongo que por donde hoy continúa en pie la Capilla Británica de la colonia San Rafael. Luego en 1529 se erige ahí mismo una suntuosa casa con visos de fortaleza, de forma que la mencionada ermita ya se habría mudado de sitio para ese entonces, es de creerse que hacia la zona del Tecpan de México Tenochtitlan. Muchos han querido identificar en dicha fundación el antecedente del leprosario que en 1572 establece el doctor Pedro López en el extremo oriental de la calzada, casi a la orilla del lago, por el rumbo de las Atarazanas; es comprensible, por coincidir una y otro en la advocación a San Lázaro, asociado comúnmente con la lepra y otros padecimientos contagiosos. Comoquiera no parece probable que tan pronto como en los años veinte la lepra hubiera proliferado tanto, al grado de tener que construirse un asilo *ad hoc*, y menos en un área de huertas y las proximidades de un acueducto. Para salir de dudas, Marroqui deja claro que el hospital de Pedro López es con total independencia del San Lázaro de Cortés, templo que en cualquier caso serviría para consolación de los naturales que allí se bautizaban y para el cual llegó a planearse hacer casa de pobres con su hortezuela para legumbres a un lado, en un vergel para pasatiempos del propietario, por lo que no tiene ningún sentido que se instalase allí un lazareto.

Con todo, el mencionado abuelo Pancho sí creía que en la vecindad del actual templo de San Cosme funcionó en los primeros tiempos de la ciudad colonial un hospital para leprosos y que un infectado, anticipándose a la inminente destrucción del inmueble, decidió escapar para refugiarse en el cercano caserón de un pariente. El muchacho, que había llevado en el mundo un nombre ilustre, se recluye sin nunca más salir de esa morada, ricamente puesta para su comodidad, nos indica el pequeño libro. Al cabo de un tiempo, el servicial y acaudalado anfitrión le consigue a su invitado una mujer aquejada por el mismo mal, de modo que se hicieran compañía. Como era de esperarse, acaban contrayendo matrimonio, gracias a la ayuda de un discreto sacerdote. Pasado un tiempo la pareja termina comprando la casa y procreando hijos, quienes a la postre se irán ayuntando con otros enfermos, siempre a través del mayor secreto.

Con el paso de los años la prole se tendrá que ir desposando entre primos. La familia rara vez sale a la calle, si acaso solo para lo indispensable. Su vida transcurre relativamente oculta y en paz a lo largo de las centurias subsecuentes, hasta que un día —siempre estas cuatro palabras, el destino tocando a la puerta— una bella joven acude con el abuelo Pancho para pedirle socorro médico, pues una hermana suya se encontraba a punto de morir. Ambas habitantes de la añosa residencia, de abandonado jardín al frente, junto con el resto de la parentela, todos afectados por la misma dolencia. De este modo el médico termina enterándose de la existencia de todos ellos e incluso una noche lo invitan a cenar. Es así que cae enamorado de la hermosa muchacha, quien de milagro no ha sido contagiada. Entonces se dedican a limpiar y esterilizar la casa solariega, afincándose en ella.

Al final de este capítulo de *El San Cosme de otros tiempos*, Paco le hace saber a León de la Barra que él mismo proviene, de hecho, del aludido linaje y que en tales momentos se hallan él y su amigo en la mismísima casa conocida como de San Lázaro. «Y creo que nunca he corrido tanto como cuando me alejé de mi amigo», concluye el autor.

Al margen de lo tenebroso o anecdótico de este episodio de mediados del siglo XX, lo de veras atrayente es la noción de que en efecto puedan sobrevivir actualmente, o en el pasado reciente, cualesquiera rastros materiales o intangibles de aquella Ciudad de México de después de la Conquista: edificaciones y genealogías rastreables, historias que siguen transmitiéndose a casi cinco siglos de distancia. Los años veinte del XVI representan un lapso especialmente oscuro, los previos al primer virrey, Antonio de Mendoza, y hasta de los célebres diálogos latinos de Cervantes de Salazar. Algunos conquistadores aún podían reproducir en voz alta lo atestiguado o acometido durante el asedio de los mexicas. Esto es, los tempranos años de una población aún sin empedrado ni plaza principal. Aunque ya con trazo urbano y montón de familias españolas estableciéndose. ¿Cuánto de todo aquello ha conseguido filtrarse sigilosamente hasta nuestros días? ¿Qué queda en 2022 de aquella Casa de San Lázaro?

El discurso victimista

Procuremos ser justos. Ni todos en el Anáhuac fueron tan virtuosos como nos han dicho que fue Nezahualcóyotl, ni el grueso de los españoles se comportó con la misma mala leche de, digamos, Nuño Beltrán de Guzmán. Uno es como Dios lo hizo y peor muchas veces, opina Sancho Panza. ¿Por qué tantas generaciones después seguimos empeñados en ver víctimas y victimarios?

—Aquellos practicaban el aperreamiento.

—Pues los otros los sacrificios humanos.

Pero no son competencias. ¿Qué utilidad tiene simpatizar con uno más que con el otro? La historia es un río del que abrevamos todos sin fijarnos en los meandros y al final compartimos siempre una misma madre.

UNA FAMILA AFECTUOSA ATIENDE Siete Hermanos, juguería con riquí-simas cemitas de carne enchilada y queso fundido, y no hay que dejar de probar su limonada sevillana, con leche condensada, en la 5 Poniente, a la vuelta de la torre agustina, casi tan alta como las de Catedral, o incluso más, según presume un fraile que me conduce hasta el techo para demostrar que la Orden de Ermitaños sí levanta las iglesias más espigadas dondequiera que se instale.

En las paredes del local exhiben pinturas, nada costosas, pero igual ya cubiertas de polvo, o será ceniza de volcán. Un hijo adolescente pone música desde YouTube: *hip hop, rock* setentero, encueratrices que chillan desde una escala a la otra. No es la clase de lugar adonde lleguen a cenar las poblanas de pelazo amarillo pollo. Ellas se dejan ver más en Casa Reyna y El Mural.

Es de noche, las calles vacías, San Cristóbal como que brilla con luz propia, voy de regreso al hotel en el Alto de San Francisco, barrio taciturno, quiasmo de la urbanística poblana, rumbo fundacional de la Ciudad de los Ángeles, puebla en un principio para españoles no encomenderos (Orduña, Camacho, Yepes, Bendicho, Peñaranda) y ya con el tiempo para un montón de criollos inmigrados desde México en virtud de un diluvio en 1629: qué oso el marqués de Cerralbo: decenas de miles de muertos.

Salgo muy de mañana por el antiguo Estanque de los Pescaditos, pasando por la panadería de los años sesenta y su santo olor a trabajo y duchas vespertinas detrás de la capilla de la Macarena, antes de los Finos Amantes, mesando con románticas ganas las inmediaciones del mercado necolonial para sospecha de algún mariachi contemplativo, y también por el templo de la Santa Cruz, donde capaz que Motolinía sí dio su famosa misa y no en el franciscano color malasuerte con su portada «más rica y más audaz» de la arquitectura poblana a decir del Dr. Atl, ¿o habrá sido en el Portalillo?

Es este mi arrabal preferido, proyectado para la población tlaxcalteca una vez que en 1550 se resolviera que solo los blancos habitaran en la traza. Pero, claro, hay más: Santiago (de cholultecas), San Pablo (mexicas), San Sebastián (para huejotzincas), Texcocapan (obvio de texcocanos), Santo Ángel de Analco, Santa Ana, San Miguel, Xonaca, San Baltazar Campeche…

Regiones inusuales para el visitante promedio, safisfecho a lo sumo con un paseo en turibús y una foto en la Capilla del Rosario deslumbrante.

También me acerco a Xanenetla, todo el mundo advirtiendo que se trata de una zona peligrosa, son las diez de la mañana, qué me puede pasar entre estos lindos murales bajo el cielo cobalto, ni siquiera ando retirado de las calles rectas y las cuadras rectangulares de la traza española de merengue y manzarín. Yo que parezco cura y hasta huelo a Heno de Pravia y Agua Brava qué miedo puedo sentir. Acá no se ve piedra de Santo Tomás ni alabastro de Tecali, mucho menos el basalto de Loreto, con todo y tener el cerro aquí arriba. En cambio sí alegres relieves de argamasa en Santa Inés, de 1777, ¡ay, su pequeño atrio almenado, donde un trabajador de corazón *tequitqui* me cuenta de los daños provocados por el último temblor!

Acabo mi huroneo en Analco, evocando sedas, vidrio, cerámica esmaltada, lana y molinos que ya no soy capaz de conocer. Tanto que ha sido extraviado. Ahora puro coche, troche y moche. Por fortuna en el Centro continúan los Arrietas del Museo Bello, la desvelada taquería Mocambo (8 Oriente, antes calle de Cosme Furlong), las logias, el patio de azulejos de la Concordia, el Ochavo, la Casa de las Cabecitas, los vestigios de la alhóndiga de Arciniega y, en fin, los reconfortantes molotes a dos cuadras de la referida familia y sus cuadros que desde ayer no dejan de acumular polvo, humilde marcador del tiempo que apenas nadie ve,

FOTO 33. *Esquina de las calles 8 Oriente y 4 Norte en el Centro de Puebla, a unos pasos de la taquería Mocambo (julio de 2018).*

FOTO 34. *La Catedral de Puebla desde el techo de San Agustín (junio de 2018).*

pero que sabe ¡o sabe! Se necesita afecto para dar con la Puebla recóndita, en la que vivió mi mamá tan solita hasta inicios de 2019. Ínclita maestra.

El México que no termina de construirse

Este México que son varios Méxicos, en tiempo y espacio, en forma y fondo, es el resultado, en suma, de numerosas conquistas y procesos. ¿Con cuál identificarnos, entonces? ¿En qué espejo contemplarnos? Carlos Fuentes, otra vez, propone que en el de la cultura. Esto es, en las artes, lenguas, comidas y religiones.

Es posible que el alma mexicana no se encuentre en conflicto y división, sino en continua adición. Lo Cortés no quita lo Cuauhtémoc. Ni lo Moctezuma. Antes bien lo potencia.

Y quizá no sean los descendientes de tales personajes los que deban abrazarse medio milenio después en un gesto cursi y fetichista. Sino nosotros mismos con nuestras propias herencias: agua y chamusquina y un montón de *plus ultra*.

Justo en eso reside nuestra grandeza. En la aparente indefinición que nos define y nos convierte en esta patria castellana y morisca, rayada de azteca que, quedándose corto, describió López Velarde con su galanteo abajeño.

Águila bicéfala y cinco soles, siempre un volado dentro de uno. La mexicanidad nunca termina de construirse, no hay tal lugar, y eso es algo que sí podemos conmemorar, incluso celebrar, en cualquier fecha.

Epílogo:
la atalaya del cronista

¿Será cierto que todo tiempo pasado fue mejor? *Time present and time past / are both perhaps present in time future, / and time future contained in time past*, aventura T. S. Eliot, capaz que haciendo eco del Eclesiastés. El pasado no existe, solía enunciar Guillermo Tovar: pasa que siempre hemos vivido en el presente. Lo que ha sido es, solo aguarda en letargo, también lo que aún no.

¿Cómo explicar, entonces, esta fascinación nuestra por el pasado, inherente a no pocos cronistas?

Me asomo a la calle. Este es el Centro que me ha tocado vivir, el mejor de mis mundos posibles. Desde esta ventana queda claro que el pasado no se ha marchado en absoluto, ahí siguen los comerciantes de toda la vida en tozuda metempsicosis, a diario resonando sus pregones como de novela costumbrista, en sonsonete entrañable y a veces con sobrado altavoz:

—¡Gráfico, Gráfico, Prensa, Ovaciones! ¡Aguas, aguas y refrescos!

—¡Grasa, la cortina, grasa!

—¡Memorias USB a diez pesooos!

—¿Qué le preparamos, amiga? ¡Squirt, sangría, Tehuacán!

—¡La capa, la capa, la capa, mire, aquí está la capa para que no se moje!

—¡Qué barato, señora, qué barato, qué barato le traemos el día de hoy fruta de temporada, fruta fina, fruta fresca, a cincuenta, señora, a cincuenta la bolsota de a kilo!

—¡Compre sus *bísquetes* calientitos, yo se los recomiendo!

Hombres modernos dándose la mano con sus pares del Cuaternario, según la entelequia de Carpentier.

Solo faltan los animales, injustamente expulsados de nuestra capital arriera.

Miro hacia el flanco poniente de Chile, entre Cuba y Belisario, desde la tercera planta de un hermoso edificio neocolonial terminado por el arquitecto Salvador Vértiz Hornedo en 1941. ¿Terminado? Hace meses que retiemblan en sus muros fuertes mazazos. ¿Qué tanto rompen y a santo de qué? Remodelaciones superfluas, acaso, para atraer a más usuarios de Airbnb, por lo general extranjeros fascinados con el (precio de los alquileres y las propiedades, los servicios y la vida en general en el) Centro. ¿Invasores como Cortés?

Entre el gentío destacan un par de limusinas Hummer color blanco reguetonero que se alquilan por miles de pesos la hora. Por fortuna no prosperan acá los antros, el narcomenudeo funciona mejor cuanto más cerca del Eje Central (o eso se supone, pero la sombra del halcón es alargada). Ya pocas fondas operan en estos rumbos, por el derecho de piso que cobra La Unión, grupo que, como la familia Barrios, parte, reparte y se queda con la mejor parte en la zona, todo el mundo lo sabe, la alcaldía mejor que nadie. Qué le vamos a hacer. Aquí nos tocó. En un islote de zacate y polvo apisonado, con ombligos enterrados muy debajo de los gorriones callados que se confunden con el concreto sucio. Centro de espórtulas y más frascos de perfume que patrullajes. Mariconeras y trajeados sin moto. Rubitos trácala, correas del mismo cuero. *L'águila siendo animal*, en síntesis.

De cuando en cuando refunfuñan abúlicas las campanas de Santo Domingo, la segunda iglesia más señorial de la Ciudad de México. La alarma de un comercio no deja de ninfrar hace rato, ¿de qué sirve instalar una? A la distancia suena un bajo agresivo y cretino, desacompasado como el corazón de un enfermo. Por el cubo del edificio fluye ese olor a gas, cocina y animal doméstico que Carlos Fuentes relaciona con los inmuebles mexicanos de la modernidad media en *La región más transparente*. Pero también a mariguana. En la calle, el tufo es a plátano frito.

¿Qué más? Microbuses con ronquera, de esos que Mancera prometió retirar hace más de un lustro, tiendas de vestidos para novias y quinceañeras (las banquetas enjabonadas al comienzo de cada jornada), la vendedora de periódicos con atuendo yoruba y vocación de DJ o programador radiofónico, y un árbol sucio, nada frondoso que lastimosamente

FOTO 35. *El edificio neocolonial de 1941 donde vive el autor, en el 78 de la calle de Cuba (octubre de 2017).*

no desprende aroma, como es habitual en el Centro, ya no hablemos de dar sombra o albergar aves. Creo que es un fresno mexicano, del doble de altura que la farola aledaña. Sigue sorprendiendo la rectitud de las calles. Desde aquí no logro divisar la mansión barroca que, dicen, perteneció al marquesado de San Miguel de Aguayo (estamos en la misma acera) y en cuyos bajos funciona la cantina La Dominica en lento, pero franco proceso de desaparición. Tampoco puedo ver a los que juegan Poliana entre el Lírico y Los Clásicos, librería sobre República de Cuba, calle de cubanos en hoteles y banquetas y hasta fondas especializadas a la vuelta sobre Allende. La Poliana solo a veces, entre humaredas, *ya tú sabe*.

En la esquina norte oriente con Chile una Virgen que pusieron los vecinos para evitar que se acumulen bolsas de basura. Hoy la gente se persigna al pasar.

Pero a quién puede importarle nada de esto. Tal vez a algún lector en el futuro, esa *ahoridad* perpetua. Qué esbozará en su cabeza al leer.

Nuestro tiempo —circular, lineal, insular, que lo decida él— no es mejor que el suyo y por lo mismo lo registramos. Al final, la cronología ha de perderse en un orbe de símbolos, según ha escrito un argentino.

Al mirar hacia fuera, en flagrante disfraz de adamita, asombra la insistencia de tanta gente de habitar apretujada, tanto Esaú en tiendas de Jacob, el campo en la ciudad sin mudar de piel, tanto candor e idolatría y algo de fierro viejo que venda. Unamuno lo explica muy bien en su ensayo «La ciudad de Henoc» de 1933: el hombre de masa, de clase, apetece ser sometido. Civilizado, cautivo, en sociedad. La explotación del hombre por el hombre desde la agricultura, raíz de la cultura. En efecto, la ciudad es el cuadrilátero de la lucha de clases (entre más altos los edificios, más se insiste en una noción vertical de la vida). Y foro de fiesta, saludable tregua ocasional; Juan José Saer se presenta más poético: las ciudades disimulan el cielo.

¿Se dedica el cronista, el escritor en general, a aducir tales relaciones de poder o su labor consiste puramente en relatar? En estos tiempos de *piedefotismo* normalizado, salir a investigar se ha vuelto lo raro, ya pocos creen necesario hacerlo. Pero nada afina mejor la escritura que los pies y el oído, esto es, la discreción. Nosotros somos las atalayas, los fosos y cortafuegos, los catalejos en guardia, alguien tiene que estar atento y detectar las amenazas y anticiparse. Esta idea pertenece a Marías aludiendo a los espías.

¿Qué tal explicar el mundo que nos rodea, lo infraordinario, de ser posible interpretarlo con belleza y astucia? Lascar la piedra blanda del acontecer cotidiano. Dejar de inventar un pasado nacional, esa vieja obsesión, y apartar la vista del Estado. Atreverse a servir a los demás. Opinar de preferencia no...

Cierro la ventana, el esmog ensucia los libros. Abajo en Chile siguen las transacciones, las prisas, los humores. Todo aún tan vigesémico. La calima de la calle y el interior de mi estudio parecen reunirse en una sola claridad, cuánto adoro este ambiente único en el mundo. Me alejo, ucrónico y en silencio, para atender mensajes que no paran de llover. ¿Qué tanto quieren? Lo que todo el mundo: atención, que no siempre rima con compasión. Otra alarma se activa a la distancia, el viento por fin se ha puesto a correr.

Ah, todo es presente. Cambia tan poco el mundo.

Fuentes

Benítez, Fernando, *La ruta de Hernán Cortés*, Ciudad de México, Fondo de Cultura Económica, 1983.

Cela, Camilo José, *La colmena*, Madrid, Real Academia Española, 2016.

De Bustamante, Carlos María, «Cuadro histórico de la Revolución mexicana de 1810. Carta decimosexta y última» [1846], *Indelebles*, núm. 31, 2017. Casa de la Cultura Oaxaqueña, en <https://www.oaxaca.gob.mx/cco/wp-content/uploads/sites/31/2017/09/Indelebles31.pdf>, consultado el 5 de octubre de 2022.

Díaz del Castillo, Bernal, *Historia verdadera de la Conquista de la Nueva España*, México, Porrúa, 2009.

González Obregón, Luis, *México viejo*, México, edición facsimilar de Porrúa, 1976.

Fuentes, Carlos, *Los años con Laura Díaz*, México, Penguin Random House, 2016 en <https://bit.ly/3Tez4Mk>.

_____, «*Camino a La región más transparente*. "Eres un fracasado", dijo mi padre», *Nexos*, México, 1 de mayo de 2015, en <https://www.nexos.com.mx/?p=24781>.

Hidrogenesse, publicación de Facebook, s. f., en <https://www.facebook.com/people/Hidrogenesse/100047127850949/>.

Huchín Sosa, Eduardo y Karla Sánchez, «Los ecos de la Conquista y la colonia reaparecen en los momentos de crisis interna mexicana», *Letras Libres*, México, 1 de julio de 2021, en <https://letraslibres.com/revista/los-ecos-de-la-conquista-y-la-colonia-reaparecen-en-los-momentos-de-crisis-interna-mexicana-entrevista-a-tomas-perez-vejo/>.

Isassi, José Domingo, *Memorias de lo acontecido en Córdova en tiempo de la Revolución, para la historia de la Independencia megicana*, Córdoba, Veracruz, edición facsimilar del H. Ayuntamiento de Córdoba, 2017.

Juan Manuel, Don, *El conde Lucanor*, Madrid, Castalia, 2010.

León-Portilla, Miguel, *Obras de Miguel León-Portilla. Tomo XIII. Visión de los vencidos: relaciones indígenas de la conquista/El reverso de la conquista: relaciones mexicas, mayas e incas*, México, UNAM-Instituto de Investigaciones Históricas y El Colegio Nacional, 2013, p. 163, en <https://historicas.unam.mx/publicaciones/publicadigital/libros/obras_leon_portilla/599/599_05_17_visionconjunto.pdf>, consultado el 5 de octubre de 2022.

_____, *Visión de los vencidos*, México, UNAM, 1982.

López de Gómara, Francisco, *La conquista de México*, Madrid, Dastin, 2001.

Mutis, Álvaro, *Cartas a Elena Poniatowska*, México, Alfaguara, 1998, *apud* Mario Barrero Fajardo, *Viaje a la «Tierra Caliente» de Álvaro Mutis*, Bogotá, Universidad de los Andes, 2020.

Peza, Juan de Dios, *Leyendas históricas, tradicionales y fantásticas de las calles de la Ciudad de México*, México, Porrúa, 2006.

Ortiz Lanz, José Enrique, *Las verdaderas historias del descubrimiento de la Nueva España. Las expediciones de Hernández de Córdoba y Grijalva, 1517-1518*, México, Cámara de Diputados, LXIII Legislatura, 2018.

Suárez de Peralta, Juan, *Tratado del descubrimiento de las Indias. Noticias históricas de la Nueva España*, México, Secretaría de Cultura, 2017.

Varela, Consuelo, *Cristóbal Colón. Textos y documentos completos*, Madrid, Alianza, 1982.